全国高职高专院校
电子商务专业“十二五”规划教材

网络营销练兵场

◎ 施志君 主编

人民邮电出版社
北京

图书在版编目（CIP）数据

网络营销练兵场 / 施志君主编. -- 北京 : 人民邮电出版社, 2015.9
全国高职高专院校电子商务专业“十二五”规划教材
ISBN 978-7-115-39993-9

Ⅰ. ①网… Ⅱ. ①施… Ⅲ. ①网络营销－高等职业教育－教材 Ⅳ. ①F713.36

中国版本图书馆CIP数据核字(2015)第197674号

内 容 提 要

本书以培养学生的网络营销实战技能为核心，采用基于行动导向的引导文教学法为主要的教学模式，详细阐述了网络营销基础，以及软文营销、即时通信营销（IM）、微博营销、问答营销、游戏营销、网络广告、搜索引擎营销、电子邮件营销这些重要的网络营销手段。

本书既可以作为高职高专院校电子商务、市场营销、电子信息、物流管理、信息管理、工商管理等相关专业的教材，也可供从事市场营销和电子商务相关工作的人员学习和使用。

◆ 主　　编　施志君
责任编辑　刘　琦
执行编辑　朱海昀
责任印制　张佳莹　杨林杰
◆ 人民邮电出版社出版发行　北京市丰台区成寿寺路 11 号
邮编　100164　电子邮件　315@ptpress.com.cn
网址　http://www.ptpress.com.cn
北京中新伟业印刷有限公司印刷
◆ 开本：787×1092　1/16
印张：7.5　2015 年 9 月第 1 版
字数：120 千字　2015 年 9 月北京第 1 次印刷

定价：29.80 元

读者服务热线：(010)81055256　印装质量热线：(010)81055316
反盗版热线：(010)81055315
广告经营许可证：京崇工商广字第 0021 号

前　言

网络营销是电子商务从业人员的一项重要的专业技能，员工网络营销技能的高低往往决定了企业发展的快慢。本书以训练读者的网络营销技能为目标，详细介绍了目前常用并且重要的网络营销手段。

本书以引导文教学法来进行编写，全书有导入部分及 8 个项目，每个项目分为若干任务。每个任务精心设计了网络营销一线岗位所必须的知识与技能，并附有考核表，供读者检测学习效果。本书颠覆了传统教材的编写方法，更专注于实践指导，也更有利于培养学生自学能力和团队协作能力，开拓他们的专业视野。通过学习和训练，学生不仅能够掌握网络营销的理论知识，更重要的是可以通过实践来练就网络营销技能。编者建议选书老师在教学过程中，一定要鼓励学生结合具体的推广产品或服务进行实践，只有这样才能真正检验网络营销手段的实施效果。

本书的参考学时为 64～72 学时，建议采用理实一体化的教学模式，各项目的参考学时见下面的学时分配表。

学时分配表

项　目	课程内容	学　时
导入	认知网络营销	2
项目一	软文营销	6～8
项目二	即时通信营销	6～8
项目三	微博营销	6～8
项目四	问答营销	4～6
项目五	游戏营销	10
项目六	网络广告	12
项目七	搜索引擎营销	10
项目八	电子邮件营销	10
课时总计		66～74

本书由广东电子商务技师学院的施志君担任主编，参与编写的还有冯声琴、黄雯雯、吴秀芳、陈伟平。具体编写分工如下：由施志君进行全书结构设计和统稿，并编写了导入部分；冯声琴编写了项目一、项目六、项目八；黄雯雯编写了项目二、项目三；吴秀芳编写了项目四；陈伟平编写了项目五、项目七；黄雯雯试用了校本教材后，对部分项目提出了修改意见。

由于编者水平和经验有限，书中难免有欠妥和错误之处，恳请广大读者批评指正。

编　者

2015 年 7 月

目 录 CONTENTS

项目四 问答营销 47

项目五 游戏营销 57

项目六 网络广告 70

项目七 搜索引擎营销 81

项目八 电子邮件营销 106

导入
认知网络营销

任务一 了解网络营销的学习内容

网络营销被称为未来职场的“高富帅”。的确，在当今社会上，网络营销人才的需求量大，需求差异也大。由于受互联网的影响，传统企业纷纷把推广预算从线下转向网络，因此网络营销被预测为“未来十年十大高薪职业”之一、“最靠谱新潮职业”等。

一、网络营销的概念及特征

从营销的角度出发，可对网络营销做如下定义。

网络营销是建立在互联网基础之上，借助于互联网来更有效地满足顾客的需求和欲望，从而实现企业营销目标的一种手段，是一种新生的营销方式。网络营销贯穿于企业经营的整个过程，包括市场调查、客户分析、产品开发、生产流程、销售策略、售后服务和反馈改进等环节，网络营销是企业整体营销战略的一个重要组成部分。

需要重点说明以下几点。

网络营销并非网上销售。网上销售是网络营销发展到一定阶段的产物，但网络营销本身并不等同于网上销售。这是因为：一方面，网络营销的目的并不仅仅是促进网上销售，很多情况下还可以表现为企业品牌价值的提升、与客户之间沟通的加强、对外信息发布渠道的拓展和对顾客服务的改善等；另一方面，网上销售的推广手段也不仅仅靠网络营销，往往还要采取许多传统的方式，如传统媒体广告、发布新闻和印发宣传册等。

网络营销不等于网站推广。网络营销的开展需要科学地制订网络营销的目标与计划，因而不能片面地认为网络营销就是网站推广。网站推广只是网络营销的基础性内容而已。单纯的网站推广，其营销效果会大打折扣。比如企业往往发现，虽然网站访问量提高了，关键词搜索也使用了，却没有带来多少客户和订单，这是因为相关配套的网络营销措施不到位。所以，企业在开展网络营销时，要制订包括网站推广在内的系统而周密的网络营销计划，这样才能达到预期效果。

网络营销是手段而不是目的。网络营销具有明确的目标和手段，但网络营销本身不是目的。网络营销是为实现网上销售目的而进行的一项基本活动，网络营销是营造网上经营环境的过程，也就是综合利用各种网络营销方法、工具、条件并协调它们之间的相互关系，从而更加有效地实现企业营销目的的手段。

二、网络营销学什么和怎么学

做好网络营销要学的东西很多，但是人的精力是有限的，因此要针对你自己最想钻研的或者从事的领域去学，如有攻技术方面的，也有攻营销方面的，还有攻战略方面的等。

首先要学网络推广的各种手段。这也是本书内容的重点，即运用好这些手段来营销或者推广企业的产品以带来价值。网络营销既然是营销，最重要的还是要学对用户的理解，提升你的用户价值，为你的用户带去帮助，要具有这样的思维。

其次是学网站优化。狭义的网站优化即是搜索引擎优化（Search Engine Optimization，SEO）。通俗地讲，网站优化分为两个部分：一是站内优化，二是站外优化。站内优化就是通过 SEO 技术使得网站在搜索引擎上的友好度和站内用户的良好体验度上升。这样做的目的很简单，就是为了让网站在搜索引擎中排名靠前并且得到很好的客户转化率。站外优化就是通过 SEO 手段帮助网站和网站所属企业进行品牌推广，这个过程可能涉及的方式有百度推广、相关论坛博客、各大门户网站推广链接等。

最后就是学习营销策划。即根据企业的实际情况、商品特性等，设计出整体的营销战略，以期出奇制胜地占领市场。

“做中学，学中做”是学好网络营销的重要方法。鼓励学习者既要自己动手，在实践中观察和思考，以消化知识或悟得新知；又要将习得的知识与具体的实践相结合，学以致用，活学活用。建议学习者以自己身边的单位或企业的某些事物作为网络营销的对象，边学边做最基础的网络推广工作，比如在论坛发帖、在问答网站自问自答等工作。把网络发帖这个基础打好了，以后再做其他的网络营销就容易多了。踏踏实实地做，不懂就学会去搜索，要多去总结、反思、研究。常言道："师傅领进门，修行靠个人"，老师只能起引导的作用，关键看学习者自己的努力程度。

任务二　了解网络营销岗位的技能要求

一、网络营销岗位招聘信息对比

1．网络营销专员（某投资有限公司）

岗位职责：发掘潜在客户和维护现有客户并与客户建立良好的关系，有计划地完成销售任务；负责为客户及时提供金融投资理财服务的相关信息；根据公司整体销售计划，达成个人销售目标。

任职要求：对金融行业具有浓厚兴趣，有工作热情和激情；具备高超的沟通技巧、表达技巧和销售技巧，普通话标准、流利；有无相关经验者均可。

2．初级网络营销员（某包装有限公司）

岗位职责：执行公司的国内业务，开拓市场；负责联系客户、编制报价、参与商务谈判，负责签订合同；负责客户的拓展与维护；负责业务相关资料的整理和归档；负责相关业务的汇报工作。

任职要求：有良好的业务拓展能力和商务谈判技巧，公关意识强；具有较强的事业心、团队合作精神和独立处事能力；勇于开拓和创新。

3．网络营销员（某网络科技有限公司）

岗位职责：用网络平台及社交工具等进行公司产品的产品宣传、推广和销售，完成销售的任务指标；协助销售主管、组长制定销售策略、销售计划，以及量化销售目标；制订自己的销售计划，搜集与完善客户资料，建立客户档案；销售方式以网络为主，在办公大楼上班，不用外出跑业务。

任职要求：熟悉电脑，能熟练使用网上社交工具，如QQ、论坛等，熟悉网购等操作流程；性格乐观开朗，有事业心、吃苦耐劳；有较好的沟通能力、表达能力、抗压能力。

4．网络营销主管（某电子商务公司）

岗位职责：针对公司需要，策划并撰写各类有效网络营销活动策划案，并不断地探索新思路及新的推广方法；负责进行搜索引擎关键字排名、论坛、社区、网络广告、友情链接、群发邮件、博客推广、微信推广等多种网络推广方式；策划组织网站、微博、论坛、社区等线上营销活动和其他线下市场推广活动，开拓市场份额及建立品牌知名度；根据具体项目需求，制订线上、线下媒体投放策略及计划，并根据实际情况实时调整；统筹并执行相关营销项目及活动，做好费用预估及控制，并对活动效果进行评估及总结。

任职要求：3 年以上互联网产品运营和市场推广工作经验；可根据需求独立完成活动方案的策划和撰写，具备较强的市场洞察力、分析和逻辑思维能力、公关能力；具备各类线上、线下媒体运作能力及优秀的资源整合能力，有大型网络营销活动推广成功经验和案例者优先（如有相关案例，面试时请随身携带）。

5．网络营销总监（某投资有限公司）

岗位职责：组建自己的网络销售团队，并进行培训、指导、监督与管理，提高团队整体业绩，完成团队销售指标。负责网络营销推广方案的拟定，根据市场及产品分析、竞争对手分析，制定线上营销推广战略，以及具体实施策划方案，确保方案和产品营销战略一致。负责营销资源的掌控与整合，熟悉网民特性，能精确捕捉适合客户线上营销的目标受众群体；负责网络广告资源挖掘、整合；策划各类线上营销活动。通过各类渠道开发有效客户并持续跟进，借力公司技术资源，为客户提供专业的理财咨询与服务；能挖掘新创意，达到线上营销目的，并有较强的数据分析能力，能对广告效果进行客观的评估。

任职要求：熟悉网络营销方式，并有网络销售实操经验；具有丰富的贵金属从业经验，以及团队管理经验，能够独立带领团队完成销售任务；对市场具有有敏锐的判断和分析能力；能进行有效的客户发掘及竞争对手分析，制订有效的战略计划并付诸行动；具有积极向上和开拓进取精神，良好的沟通和培训、管理的能力，能营造良好的工作氛围；为人务实，做事踏实，具有良好的职业道德和团队合作精神；对互联网媒体运营和互联网技术有一定了解。

以上可以说是网络营销岗位的晋升路径，其岗位职责与任职要求随职位的提高而逐级提升。

二、网络营销岗位技能归总

根据以上岗位职责与任职要求，按照由简到难的顺序，结合自己的情况，完成表 0-1 所示的学习计划表。

表 0-1 学习计划表

序号	网络营销岗位技能	是否掌握	计划攻克的时间

续表

序号	网络营销岗位技能	是否掌握	计划攻克的时间

PART 1

项目一 软文营销

任务一 认知软文

【任务目标】

（1）了解软文的由来。

（2）熟悉软文的各种形式。

【任务实施】

一、概念梳理

1. 软文

软文是相对硬性广告而言的，是由企业的市场策划人员或广告公司的文案人员来负责撰写的“文字广告”。传统的软文主要是在报刊等纸质媒介上登载的纯文字广告。新型软文则是指在各种媒体上登载的可能导致企业产品销量大增，树立企业良好形象或提高企业知名度等的文字篇章，包括企业深度解读、企业老总的创业历程、企业案例分析等各种题材。

2. 硬广告与软广告

在广告学理论中，硬、软广告之间没有明确的定义，也没有明确的范围划分，更确切地说，这只是广告界所谓的“行话”。对于硬广告，大家相对都比较熟悉，我们在报刊、杂志、电视、广播四大传统媒体上看到和听到的宣传产品的纯广告就是硬广告。而媒体刊登或广播的那些新闻不像新闻、广告不像广告的有偿形象稿件，以及企业各种类型的赞助活动则被业界称为“软广告”。其特点是：这些广告或以人物专访的形式出现，或以介绍企业新产品、分析本行业状况的通讯报道形式出现，而且大多附有企业名称或服务电话号码等。所谓软广告，是指为减少公众对广告的躲避心理，通过更巧妙的、更迂回的、更隐蔽的方式将广告信息传达出去，使消费者在不知不觉中把广告所传达的内容接受下来的一类广告。

二、案例分析

软文一直是一个神奇的话题，任何一篇介绍经验的文字，都能看成是软文。软文到底是广告还是经验分享呢？我们无从考究。曾有传言说，互联网上出现的文字中，有 90%都属于软文范畴，这是个多么惊人的数字！

从软文营销到口碑传播，从最初的商家炒作到最后的消费者经验，一位软文写作高手，是不会让你看出其文章中的任何广告痕迹的。下文是一篇来自网络的经验分享文章，我们大家一起来判断一下这个到底是软文还是广告。

“战痘”是一场长久的战斗：90 后敏感肌男的 5 年护肤总结

前几天看经验盒子，突然有了自己也写一篇的想法，想把自己这几年和痘痘斗争的故事写一下。不为其他的，只希望能够帮助需要的朋友，因为长痘这件事只有经历过的人才深有体会。

简单介绍一下自己，本人男，1991 年生，高三开始长痘痘，前前后后有到现在已经有 5 年左右时间，肤质属于“混合敏感薄弱痘痘肌”，最差的时候摸着自己的脸，再摸摸屁股，都觉得屁股的皮肤比脸上的要好。前后用过的护肤品加起来有好几十样，从相宜本草、可伶可俐、曼秀雷敦、Q 网、AA 网，到欧树、大葡萄、倩碧、海蓝之谜、资生堂，再到理肤泉、雅漾、丝塔芙、薇诺娜。从最开始的病急乱投医、什么都往脸上糊，到逐渐理性护肤、懂得取舍。所以希望能写一写个人经验，尽自己的一份力帮助大家。

目前，在饮食、锻炼、护肤品和医生指导服药下，我的皮肤状态已经稳定住了，只有偶尔的针头大小的白头痘和些许红色的痘印。有一次同学看到我说“你皮肤变好了”，还真让我心里美了一会儿。因为痘痘肌也是敏感肌肤，所以我目前的策略是先修复敏感，然后着手修复痘印，下面推荐的一些护肤品，主要是出于修复的目的。至于祛痘方面的药品，我认为应该向医生咨询，根据自己的情况酌情用药。

下面我从内外两个方面来讲一讲自己的经验。

首先我要说明的是，长痘之后，你要做的第一件事情是去看医生——看西医、看好医生，不要被江湖郎中骗了，乱用激素、酒精等猛药（抛开剂量谈毒性是胡说，合理使用激素是安全有效的，但是江湖郎中不懂啊！）。所以一定要在有经验的医生的指导下合理治疗，同时请参考《中国痤疮治疗指南》，了解发病机制。

一、内因

人体由各部分组成，不同的器官各司其职，只有当各个部分和谐运行的时候，身体才能健康，这样，皮肤看起来才能健康。也就是说，皮肤一定程度上是身体的一面镜子，能忠实地反映出身体状况。有些时候反映出这些状况需要时间，所以一些不好的生活习惯会慢慢展现出来。

其实道理大家都懂，护肤关键在于坚持，长久坚持下去，自然就能看到效果。

关于长痘，到现在医学界还没有一个定论，但是已知的原因有许多，包括滥用护肤品、保湿过度、遗传、不健康的生活方式、不健康的饮食（喜食高糖、高脂食品和乳制品）、熬夜等，这些都会导致体内激素水平变化、油脂分泌增加、痤疮杆菌等致病菌繁殖，最后就长痘了。

1. 饮食

首先推荐微博、微信关注@范志红_原创营养信息 @营养师顾中一，这两位老师在微博里经常会介绍必要、有用的饮食健康知识。还有就是@皮科大夫朱学骏 @何黎教授，何老师在#痤疮治疗篇#中专门提到了饮食需要避免香、甜、辣。另外，微博上也有很多护肤爱好者们，多多关注他们，也能学到一些知识。

根据以上几位老师的建议，我现在的饮食完全不接触辣椒，尽量远离油炸，克制甜食摄入。但是这里有一点要注意的是，精米精面也属于高 GI（升糖指数）食物，它们看似清淡，却会使人在短时间内血糖快速升高（也是致癌原因之一），所以不要以为只吃白米白面就万事大吉。网上有许多食物 GI 指数表，各位可以根据表来对照不同食物的 GI 指数。

关键还是要丰富饮食，主食方面要增加粗粮的摄入。我在超市买到了米饭伴侣，是预先混合好的各种粗粮。爱吃面的话，也有各种杂粮面可以选择，大家可以自己去找找符合自己口味的杂粮面条（如荞麦面、玉米面、莜面等）。

不一样的品牌可能配比会不一样，各位也可以自己搭配（如掺入黑米、燕麦、玉米糁等）。

除了主食，还需要摄入的就是蛋白质。蛋白质来源很多，鸡蛋性价比很高，牛奶也不错（但是有致癌风险，每日最好控制在 250ml 之内为佳），此外还有肉类、豆浆（据说黄豆豆浆内含有植物雌激素，有一定的抵抗癌症的作用。对女性来说，好像长期摄入植物雌激素有一定风险，建议定期进行检查。不过也不需要因此不敢喝豆浆，只要你每天不吃好几斤黄豆，基本还是安全的）。

接下来就是蔬菜、水果。范老师在微博里提到过，每天的蔬菜摄入量要在 0.5 千克以上。这个量我估计大多数人包括我都是没有达到的，日后要有意增加蔬菜。至于水果，由于水果普遍偏甜，在选择上应该有所区别，像西瓜含糖量就很多，应该不要吃太多。

这里需要提到的一点就是水果汁和水果的区别。因为榨汁机会破坏的水果中的纤维，但是保留了糖分，所以相对水果来说，果汁损失了一大部分营养价值，还是应该以直接吃水果为好。

欲知详情，各位还是移步上面提供的微博，健康从点滴做起。

说了这么多，还是没有提到护肤品，各位别急，有了健康的身体，皮肤才会容光焕发，单纯靠护肤品是不大可能取得理想效果的。

2. 运动

我每周坚持锻炼，“有氧+力量”，通过出汗疏通毛孔、排毒。有研究表明，长期运动有益皮肤健康。

二、外因

在搭配护肤品的同时，应该根据医嘱服用、涂抹药物。

原来我天真地以为护肤品就是神药，只靠护肤品就可以万事大吉，后来才慢慢明白这是不可能的。护肤品是锦上添花的产品，对于底子好的、健康的皮肤来说，选对了护肤品效果是明显的。

然而，对于长痘痘的皮肤来说，尤其是中重度的痘痘肌，现实则是——只靠护肤品是不可能有多明显效果的。此时，护肤品的作用就是维稳、不添乱，只要不让皮肤状况恶化就是效果好的。很多人长痘痘之后常常很心急，乱用护肤品，这样只能雪上加霜、适得其反。下面介绍一部分我用过的护肤品，多数都是我现在还在用到，以及一些曾经用过的、到现在还没被我扔掉的产品。

另外还要说一下我的护肤步骤，少即是多，尽量避免复杂的步骤，能少一步就不多一步。这样做不是偷懒，而是减少不必要的刺激。如果你同样是敏感皮肤，就可以参考我这个步骤：洁面-面霜。你开玩笑吧？就这？哈哈，就是这样！因为每个人在不同阶段的诉求不一样，肤质、皮肤状态不同，使用的产品也不一样，所以我的方法只供参考，要知道适合自己的才是最好的。

（文字来源：http://jy.smzdm.com/detail/36225）

视野开拓

1. 软文的由来

从20世纪90年代中后期直到现在，软文在我国的营销词典里就占有很重要的位置，因为它曾经以较低的成本为多个产品创造了市场奇迹。软文从1999年成就的“脑白金”至今已经疯狂多年。自那以后，各大企业开始重视软文且积极模仿，大量软文充斥在消费者面前，引发审美疲劳。大众的审美水平及软文分辨能力提升后，现在市面上开始出现各种高质量的真假难辨的软文。

2. 曾经获得卓越营销效果的传统文字广告

“带有小通风孔的壁炉能使冷空气从每个孔源钻进室内，所以坐在这通风孔前是非常不舒服并且是危险的——尤其是妇女。因为她们在家里静坐的时间比较长，经常因为上述原因致使头部受风寒、鼻流清涕、口眼歪斜，终至延及下颌、牙床，这便是北国好多人满口好牙过早损坏的一个原因。”

——摘自美国广告业之父本杰明·富兰克林的软文

关键词搜索

软传播
软文营销
口碑传播

思考延伸

1. 电子商务的发展与软文有什么关联？
2. 软文与传统的硬广告文案对比，有哪些突出优势？
3. 你更喜欢什么类型的经验介绍文章？有什么建议给撰写软文的人？

资料参考

[1] 石章强. 软传播：打造品牌强寿力[M]. 北京：中国经济出版社，2009.

[2] 严刚. 字里行间的商业秘密——软文营销[M]. 北京：清华大学出版社，2012.

[3] 徐茂权. 网络营销决胜武器——软文营销实战方法、案例、问题[M]. 北京：电子工业出版社，2013.

任务二 软文写作

【任务目标】

（1）学会软文写作。

（2）理解软文写作的各项要点。

【任务实施】

一、拟定题目

本文以音乐盒为例进行讲解。市场上的音乐盒产品良莠不齐，价格也从几元到几千元高低不等，他们之间的差距是什么？作为低端音乐盒的销售商应该怎么写自己的广告文案？作为高端音乐盒的卖家又该如何向顾客解释自身产品价格高的原因和依据？我们先来看看图 1-1。

根据图 1-1，我们可以考虑在搜集资料的同时，按照规定尝试性地撰写软文。

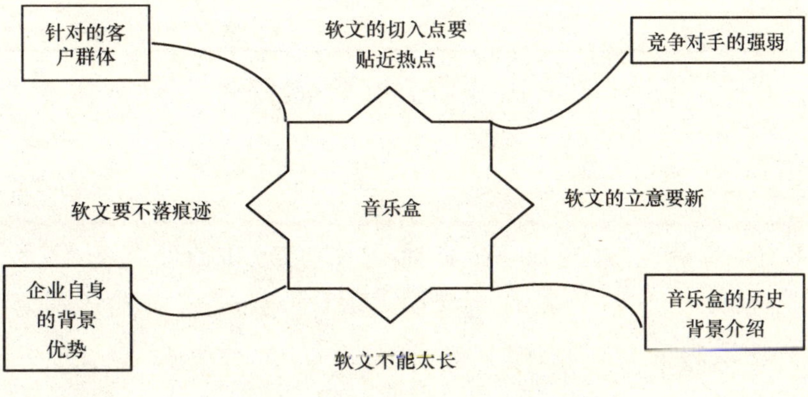

图 1-1 软文写作的要点及内容

二、资料搜集及分析

题目拟定好之后，我们必须搜集相关资料及数据以增加软文的可信度，包括各类音乐盒产品的实际销售数字。

本次搜集资料，应包含的内容如表 1-1 所示。

表 1-1　　音乐盒产品信息调查统计表

音乐盒机芯品牌	产地	企业成立年代	企业文化背景
韵升	中国	1994 年	
SANKYO	日本	1964 年	
Regue	瑞士	1886 年	

此外，我们可以到图书馆或者通过互联网查询更多关于音乐盒方面的知识。

提示

1. 为什么 18 音的音乐盒比 50 音的更便宜？他们之间有什么区别？
2. 淘宝网的各种店里存在不少的假冒音乐盒，如何判断其真伪？
3. 上述 3 个品牌的音乐盒中，谁的竞争力更大一些？
4. 以上 3 个品牌中挑选一个作为小组软文推广的主题，并进行资料整理。

三、整理并分析资料

整理并分析相关资料，思考以下问题：

（1）你所选择的品牌优势在哪里？缺点在哪里？

（2）如何在软文中凸显自身产品的优势？如何找准切入点，同时削弱竞争对手？

（3）如何用文字表达音乐？

> 相关概念：
>
> 音乐盒又名八音盒或者自鸣琴，是机动发音乐器。转动盒内的链环，音乐盒便可自动演奏乐曲。1796 年，瑞士钟表匠安托·法布尔开发了圆筒型八音盒，这是世界上最古老的八音盒。其实是一只非常实用、同时又很豪华的纯金图章，只是在其底部内藏八音盒。当人们转动图章上部的发条时，台座内的机关便开始演奏。

四、拟定大纲

完成初步的分析工作后，我们先定下大纲，确定文章脉络，列举出要点。

> 引言：本文探讨的重点
>
> - 介绍音乐盒的文化背景
> - 介绍自身企业的背景及雄厚实力
>
> 分析：告诉消费者为什么应该选择自己的品牌，选好切入点
>
> - 品牌的优势
> - 竞争对手的劣势
> - 辨别真假音乐盒的方法
>
> 总结：重申品牌的优势并发表感想

五、撰写软文

在完成上述步骤的基础上写作一篇软文，并利用表 1-2 来衡量自己和其他同学的表现。

表 1-2　　考核表

根据下列准则给自己小组或者其他同学评分：								
考核准则		得分（满分为 40 分）						评价
		5	4	3	2	1	0	
引言	能否能引发兴趣							
	是否列举出了重点							
分析	是否言简意赅，篇幅是否合适							
	能否客观给出参考依据							
	是否客观赞美了自身品牌							
	是否客观描述了竞争对手							
总结	是否能够首尾呼应							
	是否准确表达了自己的想法							

任务三　软文推广

【任务目标】

（1）了解软文的发布平台。
（2）理解软文的维护与推广。

【任务实施】

一、分析客户群体

下文依旧以音乐盒为例进行讲解。音乐盒作为礼品，购买者大概分两类：送人与自用。同时我们需要思考不同的细分产品是否需要针对细分市场进行分别推广。我们先来看看图 1-2。

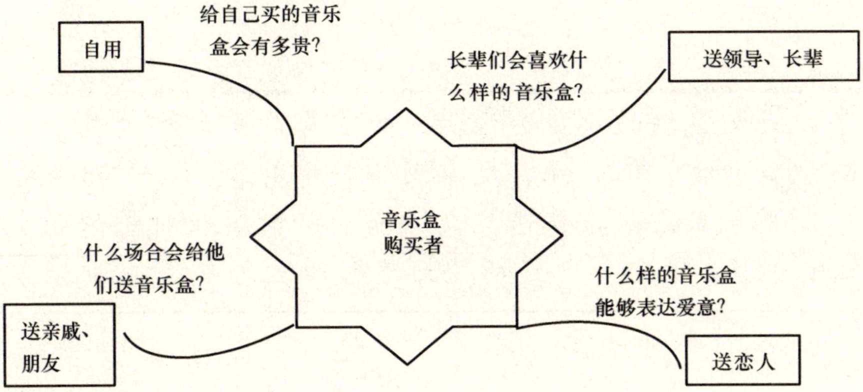

图 1-2 音乐盒的终端用户分析

根据图 1-2，我们可以考虑搜集相关资料，同时分析消费者的心理。

二、选择发布软文的工具

分析完消费者后，我们需要知道产品的消费者一般会在什么地方出现，即我们要把软文发布到什么地方他们才能看到。

通常而言，软文的发布需要考虑各种不同的工具，具体如表 1-3 所示。

表 1-3 软文发布的工具

软文类型	合适的发布工具
长篇软文	论坛
短篇软文	微博
互动式短软文	SNS 推广

此外，我们可以到图书馆或者利用互联网查询更多关于软文发布工具的知识。

提示

除了以软文篇幅的长短为依据选择发布软文的工具外，还可以有更细化的分类方法。比如说，发布到论坛中的软文，可以先将论坛进行分类：行业专业论坛与普通大众论坛；然后再针对论坛的类别进行软文内容的调整，再选择合适的论坛进行软文发布。

三、软文的维护

综合上述步骤发布并维护软文，并利用表 1-4 来衡量自己和其他同学的表现。

表 1-4　　　　考核表

<table>
<tr><td colspan="9">根据下列准则给自己小组或者其他同学评分：</td></tr>
<tr><td colspan="2" rowspan="2">考核准则</td><td colspan="6">得分（满分为 45 分）</td><td>评价</td></tr>
<tr><td>5</td><td>4</td><td>3</td><td>2</td><td>1</td><td>0</td><td></td></tr>
<tr><td rowspan="3">软文发布 1 天后</td><td>是否能引起他人注意</td><td></td><td></td><td></td><td></td><td></td><td></td><td></td></tr>
<tr><td>是否有人咨询产品</td><td></td><td></td><td></td><td></td><td></td><td></td><td></td></tr>
<tr><td>是否维护得当</td><td></td><td></td><td></td><td></td><td></td><td></td><td></td></tr>
<tr><td rowspan="3">软文发布 1 周后</td><td>是否能引起他人注意</td><td></td><td></td><td></td><td></td><td></td><td></td><td></td></tr>
<tr><td>是否有人咨询产品</td><td></td><td></td><td></td><td></td><td></td><td></td><td></td></tr>
<tr><td>是否维护得当</td><td></td><td></td><td></td><td></td><td></td><td></td><td></td></tr>
<tr><td rowspan="3">软文发布 1 月后</td><td>是否能引起他人注意</td><td></td><td></td><td></td><td></td><td></td><td></td><td></td></tr>
<tr><td>是否有人咨询产品</td><td></td><td></td><td></td><td></td><td></td><td></td><td></td></tr>
<tr><td>是否维护得当</td><td></td><td></td><td></td><td></td><td></td><td></td><td></td></tr>
</table>

PART 2

项目二 即时通信营销

任务一 认知即时通信营销

【任务目标】

（1）知道即时通信营销的种类和主要特点。

（2）了解常用的即时通信营销工具。

【任务实施】

一、概念梳理

1．即时通信

即时通信（Instant Messenger，IM）是指能够即时发送和接收互联网消息等的业务。

2．直复营销

美国直复营销协会（DMA）的营销专家将直复营销定义为“一种为了在任何地点产生可以度量的反应或达成交易而使用一种或几种广告媒体的互相作用的市场营销体系”。

直复营销是个性化需求的产物，也是传播个性化产品和服务的最佳渠道。直复营销需要寻求和劝说消费者购买产品或服务，在直复营销的方式中，最重要的内容是其针对个体的单独沟通。这包括了针对个体的广告与销售的结合，客户服务的特征，强调有针对性的目标市场，以及促使顾客立即回复信息的能力，最后是直复营销活动的可监控性及可测量性。

二、案例分析

KFC——酷感夏日，有乐同享

美国的 KFC，全称为肯塔基州炸鸡，是全球跨国连锁餐厅，同时也是世界第二大速食及最大炸鸡连锁企业。自 1987 年进入中国市场后，因其独特的炸鸡口味一直备受年轻一代喜爱，其经典广告如图 2-1 所示。

图 2-1　肯德基制作的“第二杯半价”广告

KFC 的这次营销是为了最大范围地告知消费者“KFC 夏日畅饮第二杯半价”的活动信息，吸引消费者进店消费，并继续强化 KFC“酷感夏日，有乐同享”的主题，加深品牌印象，增进品牌与消费者之间的情感联系。

为了达到这些目标，肯德基将目标人群定在了 19～24 岁的年轻人。这个群体大多积极乐观、有活力，喜爱分享，愿意和同伴一起，有点叛逆，热爱网络，热衷于找乐子。KFC 选择用户基础好并且人群覆盖面广的腾讯作为平台进行广告投放，聚集“火力”充分深挖媒体优势资源。KFC 在用户高关注区域进行软性推广，利用 QQ 秀宣传商品，刺激用户领取 QQ 秀并赠送好友，首次赠送 QQ 秀给好友的用户，可领取 QQ 秀徽章或 Q-zone 挂件一个。用户所获得的徽章和挂件将随成功赠送人数的增加而升级。KFC 通过这些方式对品牌信息进行高强度曝光，吸引了大量用户参与活动。

在这次营销活动中，QQ 徽章被领取近 500 万次，挂件被领取近 500 万次，赠送 QQ 秀并被穿上 300 多万次，活动信息被微博转发达 200 多万次，KFC 的广告效果如图 2-2 所示。

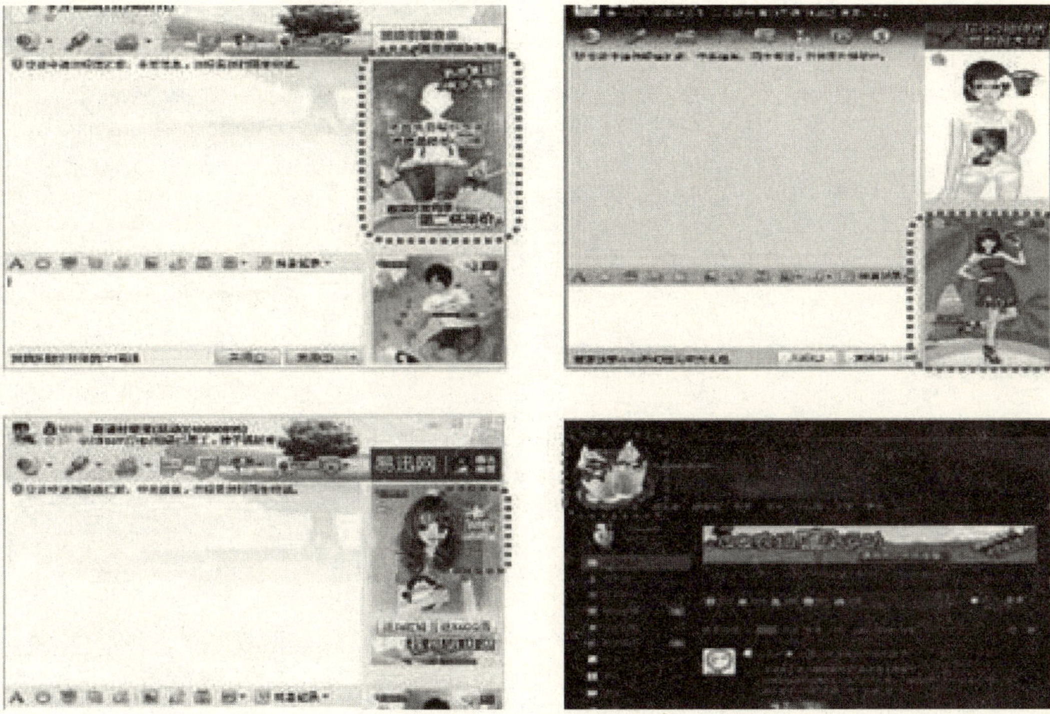

图 2-2 “第二杯半价”广告的效果

小贴士

你认识 IM 营销吗

相信即时通信工具对于网民来说一点都不陌生，而且很多人还经常使用它。我们可以通过这些工具在朋友之间进行情感的交流，与客户传递商务视频信息，轻松地和家人进行语音聊天，偶尔还可以粘贴一些图片和文件。既然即时通信工具在我们的生活中是那么的重要，那么它的受众人群可想而知会有多少了。现代人很难想象超过一周时间不接触这些工具的生活是怎样的，保守估计全球大概有三分之一的人每周都需要登录即时通信工具，每天有数以亿计的人通过即时通信工具做网络营销。

视野开拓

ICQ与QQ

常常听到有人说ICQ就是QQ，其实这是错误的。ICQ是一款即时通信软件。1996年，3个以色列人——维斯格、瓦迪和高德芬格聚在一起，决定开发一种使人与人在互联网上能够快速、直接交流的软件。他们为新软件取名ICQ，即“I SEEK YOU（我找你）”的意思。它支持在Internet上聊天、发送消息和文件等。6个月后，ICQ被宣布成为当时世界上用户量最大的即时通信软件。在第7个月的时候，ICQ的正式用户达到100万。1998年，ICQ被美国在线以4.07亿美元收购，此时其用户数超过1000万。

QQ是中国深圳腾讯计算机系统有限公司于1999年2月11日推出的一款免费的基于Internet的即时通信软件（IM）。它的创始人马化腾在1997年接触ICQ，并受到了很大启发，与同伴一起用了数日时间研发了OICQ。OICQ的出现使得中国用户可以很便捷地使用类似ICQ的功能，马化腾也实现了他的成功。后来，为了规避对ICQ域名的侵权问题，2000年4月，oicq.com改名为tencent.com。这时腾讯公司的用户市场已经打开，市场开始稳定成熟。为避免与ICQ间的纠纷，腾讯公司决定全面更换OICQ的名称，正式改名为“腾讯QQ”。时至今日，QQ已成为中国最大的IM工具，平均每个网民都拥有1～2个QQ账号，用户成了QQ最大、最宝贵的资源，也是其成功运营的最强后盾。

关键词搜索

IM营销
整合营销
病毒性营销
在线顾客服务
CRM

思考延伸

1. 简述 IM 工具的分类和常见工具名称。
2. 根据腾讯公司发展的案例，你觉得 IM 营销有哪些优势或者特点？
3. 中小型企业要想发展，应如何应用 IM 营销？
4. IM 直复营销是如何将 IM 营销和直复营销结合起来的？

任务二 学习 QQ 推广技巧

【任务目标】

（1）学会利用 QQ 进行推广。
（2）能熟练地整合 QQ 资源进行项目推广。

【任务实施】

一、拟定推广主题

“驴友”是对户外运动，自助、自主旅行爱好者的称呼，他们一般自带帐篷、厨具和各种野外生存工具，选择徒步或者骑自行车外出旅行。在旅行中他们往往能够发现一些别人没有去过或者很少去的美丽风景区，也会在旅途中遇到一些意想不到的困难或突发事件。这种带有刺激性、探险性的户外运动能够满足人们挑战自我、拥抱自然的个性化需求，在近年来流行于各阶层，特别受年轻人的青睐。

驴友们聚集在一起进行娱乐活动的组织团体或者具有户外文化氛围的场所叫作驴友俱乐部，假如现在你要成立一家这样的俱乐部，为了更好地利用 QQ 推广你的俱乐部，你需要在推广前搜集一些资料，如图 2-3 所示。

二、资料搜集分析

你的主题确定好后，就开始搜集资料了。

驴友俱乐部服务于户外爱好者、驴友、骑友、背包客和其他自助旅游爱好者，一般提供多人一起旅游的契机。每个俱乐部都有其运营的特色，万事开头难，竞争者的资料对于一家新俱乐部来说往往有着极高的参考价值。请搜集 5 家你认为较好的俱乐部资料，填在表 2-1 中。

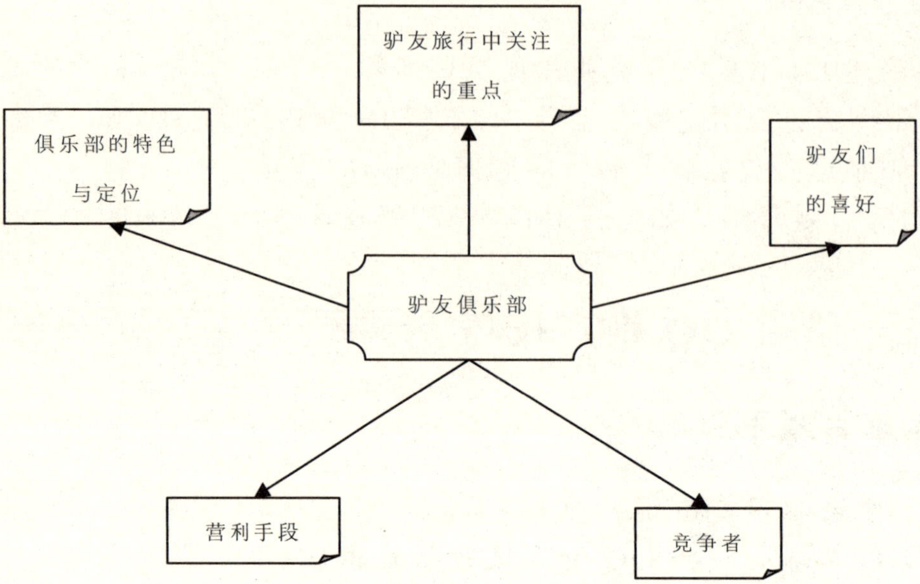

图 2-3 QQ 推广前需要搜集的资料

表 2-1 搜集的俱乐部资料

俱乐部名称	营利方式	优势

提示

1. 只有具备特色才能让人记住，默默无闻或者平淡无奇无法给人留下深刻印象。
2. 一家好的驴友俱乐部应该最关注什么问题？（记住：你不可能面面俱到）
3. 市场上的同类俱乐部竞争激烈，每家都有自己的法宝，你靠什么来打动消费者的心？

驴友是我们的服务对象，他们的需求是我们应该重视的内容，请根据自己的认识，填写表 2-2。

表 2-2　　俱乐部吸引顾客的因素排名

驴友在寻找心仪的俱乐部时，最关注以下因素（请按重要程度递增顺序填写）：
1.
2.
3.
4.
5.

请将驴友的喜好资料填入表 2-3。

表 2-3　　驴友的喜好资料

最喜欢去的地方	
选择出游的时间	
需要的常用装备	
旅途中享受的事	

三、思考与规划

根据上面搜集得到的资料，开始整理规划你的俱乐部，填写表 2-4。

表 2-4　　俱乐部规划资料表

俱乐部名称	
定位方向	
服务人群与特点	
俱乐部的特色	
“衣食住行”解决方案	
能够提供的服务	
营利点	
优势分析	

想一想

驴友们最关注的那些问题，你是否能够帮他们解决？

四、QQ推广的策略和方法

俱乐部规划好了，接下来就要思考推广的问题了。

QQ推广是一种免费的推广方式，可以节省一笔宣传开销，非常适合我们这种新开的店铺。我们选择QQ推广作为这次的主要推广手段。那么，你打算如何利用QQ推广来宣传你的俱乐部？推广前期，你认为首要的任务是什么？

总结一下你所知道的QQ推广方法，填写表2-5。

表2-5　QQ推广小结表

QQ推广的优势	
QQ推广的劣势	
QQ推广的方法	

想一想

1. 你打算采用什么样的QQ推广策略？是撒网式地广发信息还是有针对性地寻找相关群？

2. 你怎样才能把你搜集得到的资料传递给你的客户并得到他们的回应？

3. 如果建立QQ群有效的话，我们可以把驴友聚集在一起，那么，接下来你怎么利用QQ群来营销？

接下来要做的是设置你的 QQ，把你的 QQ 利用起来，全力推广你的俱乐部。

你认为可以用来帮助你得到客户认同的 QQ 操作手法有哪些？请把它们填在表 2-6 里。

表 2-6 有效的 QQ 操作表

可利用的营销手段	具体操作手法要点

提示

1. 注意你的目标顾客群的特点，你推广的重点要符合他们的喜好。
2. 不要一味地发滚动式的硬性广告。
3. 要把你的优势和特点告诉你的客户，否则他们是不可能知道的。
4. 适当的对比可以更好地突出你的特色。
5. 群的活跃度很重要，管理好你的群，它是你的好帮手。

五、验证效果

综合上面的推广方式，我们可以花大约一个星期来看看效果。QQ 推广是一个长期的过程，QQ 群的作用尤其重大，向同学们展示你的推广成果，并通过表 2-7 衡量一下自己或其他同学的表现。

表 2-7　考核表

根据下列准则给自己小组或者其他同学评分：								
考核准则		得分（满分为 35 分）						评价
		5	4	3	2	1	0	
推广方式	是否能结合实际							
	是否得到了客户回应							
	QQ 群设置是否合理							
	沟通技巧是否恰当							
推广效果	QQ 群的活跃度如何							
	自建 QQ 群的成员人数是否满意							
	广告卖点设计如何							

任务三　微信营销

【任务目标】

（1）学会注册微信公众平台。

（2）能够利用微信进行营销。

【任务实施】

一、拟定推广主题

本文以发型屋为例进行讲述。尚美美业美容美发造型沙龙是一家新开业的美容美发机构，地处广州农村，发型屋的设计兼具经典品位与时尚元素的设计理念，力求让顾客体会中西结合之美，营选了简约、干净和舒适的环境。店里除提供最基础的洗发、护发服务外，还提供烫染、直发、美容、按摩等特色服务。发型屋于 2013 年开业后尝试多种营销手法，但是效果并不明显。据说微信营销最近很火热，你可以帮助他们吗？

发型屋的状况分析如图 2-4 所示。

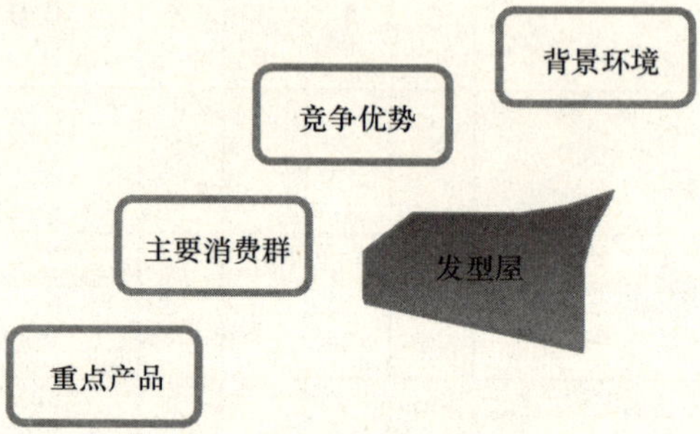

图 2-4　发型屋状况分析

二、微信的知识储备

“知己知彼百战不殆”，要想做好微信营销，前期知识储备是很重要的。我们先来了解一下什么是微信营销。

关键词搜索

微信营销
微信公众账号
朋友圈
微店
二维码
微信“粉丝”

想一想

为什么微信营销出现时间晚，但是却后来居上，获得大量企业用户的青睐？

小贴士

你必须知道的微信营销知识

2013 年 1 月，广州珠江新城中心地带的赛马场美食街有一家名叫浅海鱼食府的餐饮店开业了。经营者首先采用传统经营模式，结果入不敷出，经营陷入困境，后来他们决定利用微信营销放手一搏。

经营者首先通过二维码、线上抽奖、与美食网站合作、建立互推群和朋友圈等的方式吸引大量用户关注，成功引流。接着微信运营团队运用电子会员卡、公众平台信息推送、APP 手机应用、与客户互动和提高用户满意度等几种方式对关注用户分类，实现消息精准推送，保证了与客户之间的互动活跃性，既将老客户牢牢掌握在手里，还吸引了大量的潜在客户。微信营销历时半年，最终成功扭亏为盈。

以上的案例让我们看到微信营销的潜在价值，请用手机下载微信软件进行学习操作，并完成表 2-8。

表 2-8　　微信应用总结

<table>
<tr><th>微信的功能</th><th>微信公众账号吸引粉丝的手段</th></tr>
<tr><td></td><td></td></tr>
<tr><td colspan="2">微信可以为企业做些什么？</td></tr>
<tr><td colspan="2"></td></tr>
</table>

搜集微信营销的资料后，我们应该对微信营销有一定的认识了，但是是否所有的企业都适合微信营销呢？请你找出判断企业是否适合做微信营销的依据，并一一对照尚美美业的情况，完成表 2-9。

表 2-9　　微信应用分析

判断企业是否适合做微信营销的依据		尚美美业是否满足该条件
1		
2		
3		
4		
5		

提示

有个经营 LED 灯的客户遇到营销专家，希望他能够帮助自己做一下微信营销，但是营销专家分析了他的店铺情况后发现，他的店铺并不适合做微信营销。

原因是 LED 灯的使用年限较长，客户的重复购买率低，回头购买机会不大，也不需要提供售后服务；加上商品品种单一，和客户也没什么互动的机会，费劲周折开通微信却也没有什么用处，得不偿失，因此并不适合做微信营销。

三、资料搜集与分析

如果尚美美业适合进行微信营销，那么我们就要针对它进行资料搜集了。搜集内容如表 2-10 所示。

表 2-10 微信应用资料搜集

消费者喜欢的项目	
可接受的价格范围	
消费者希望了解的信息	
消费者希望得到的服务	
微信常用的营销手段	

（说明：资料不仅可以来自本店，还可以参考其他竞争者。）

提示

1. 找到消费者喜欢的项目并加以重点开发，会比把精力四处分散更有用。
2. 消费者希望得到和了解的东西，如果你可以帮助他们实现，那么就肯定可以获得他们的认可。
3. 怎样才能综合运用微信的功能取得最佳效果？

四、制定微信营销策略

初步分析后，我们开始制订微信营销策略。

微信是一种低成本但功能强大的营销工具，它虽然起步晚，但是却几乎集合了之前20年常用的网络营销工具的优点与功能，可以说是站在了巨人的肩膀上，运用得当的话，效果也将会成倍显现。

提示

企业微信营销技巧如下。

（1）微信公众平台必须维护好。

（2）活动规划前要做好市场调研。

（3）99%的时间培养信任，1%的时间用来营销。

(4) 好奇心也是一种传播力，不要忽略它。
(5) 会聊天很重要，沟通产生价值。微信更注重情感的交流，主动点不会吃亏，有趣的回答容易引起客户的兴趣。
(6) 店铺功能齐全只是你必须拥有的基本功能，用户对此不一定感冒。同质化情况严重的今天，只有让消费者感到刺激、新奇，他们才会喜欢你并免费帮你传播，也才能为你带来新的客户。
(7) 老客户很重要，给他们不一样的待遇，他们会帮你带来新客户。

五、实践与效果评估

尚美美业美容美发造型沙龙的微信营销策划做好了，请按照你的策划进行实践，并在一个月后利用微信公众账号的数据统计功能进行效果评估，完成表 2-11。

表 2-11　　微信营销效果评估表

信息有效率 达到 93%以上	信息阅读率 达到 73%以上	用户活动参与率 达到 18%以上	用户复合增长率 达到 10%以上

（说明：达到以上数据方为合格。）

PART 3 项目三 微博营销

任务一 认知微博

【任务目标】

1. 了解微博营销。
2. 理解微博的价值。

【任务实施】

一、概念梳理

1. 事件营销（Event Marketing）

事件营销指企业通过策划、组织和利用具有新闻价值、社会影响、名人效应的人物或事件，引起媒体、社会团体和消费者的兴趣与关注，以求提高企业或产品的知名度和美誉度，树立良好的品牌形象，并最终促成产品或服务的销售的手段和方式。

2. 炒作

炒作是一种非常规的新型传播模式，是网络中常用的手段。对其最精准的商业定义应该是：在最短的时间内，以最佳的创意和最低的成本，最终实现最大化传播效应。它是一种不断翻新的商业技巧，基本的目的是吸引人气，也就是大众的注意力，而最终目的是获得知名度和利润。

3. 湿世界

美国作家克莱·舍基说“未来社会是湿的”，即人与人要靠具有社会性的网络连接，人与人之间可以凭借这种连接相互吸引、相互结合、相互分享、协同合作。人们不再被正式的制度强制待在一起，而可以轻易地在网上组建各种群体，发现志同道合的人，以从前无法想象的方式来一起从事某个项目。

4. 湿营销

湿营销是指借由互联网上的社会新媒体聚合某个群体，并以温和的方式将其转化为品牌追随者，赋予消费者力量，鼓励他们以创造性的方式贡献和分享内容，从而影响商家的新产品开发、市场调研、品牌管理等营销新战略。

二、案例分析

"冰桶挑战赛"——微博传播的惊人力量

要论 2014 年夏日，哪一场活动能够火热席卷全球，上至名人，下至百姓，各个玩得不亦乐乎？那一定要数"冰桶挑战赛"了。它以 25.2 亿的超高关注度稳居新浪微博榜首，把第二话题遥遥抛在后头。

冰桶挑战赛的活动规则很简单：参与者将一桶冰水淋在自己头上，就可点名 3 个人接受挑战。被邀请者如果 24 小时内不应战，就需要向 ALS（肌萎缩性脊髓侧索硬化症，其患者俗称"渐冻人"）协会至少捐款 100 美元。

这个从美国传播过来的公益活动原意是为了唤起人们对小众病种 ALS 的关注并筹集善款。被点名的名人们，从世界首富比尔·盖茨、Facebook 创始人扎克伯格、苹果现任 CEO 库克，再到小米公司董事长雷军、360 公司董事长周鸿祎、富士康公司董事长郭台铭都愉快地接受了"冰桶挑战"，成功"湿身"，而婉拒挑战的名人，也微笑着自认捐款。一时间，被点名成为了名人身份被肯定的象征，"落汤鸡"的形象也代表着正能量的传递。名人效应使得微博被疯狂转发，在短时间内让冰桶挑战风靡全世界，如图 3-1 所示。

截至 2014 年 8 月 22 日晚上 20:00，仅借助新浪微博这一途径传播起来的中国全民慈善接力赛就已经为 ALS 协会筹得善款 850 万元人民币，确认到账 545 万元，微博的阅读量超过 25 亿人次，粉丝数达 13.2 亿人次，如图 3-2 所示。那么，这一切是怎样实现的呢？

图 3-1　集体“冻”起来

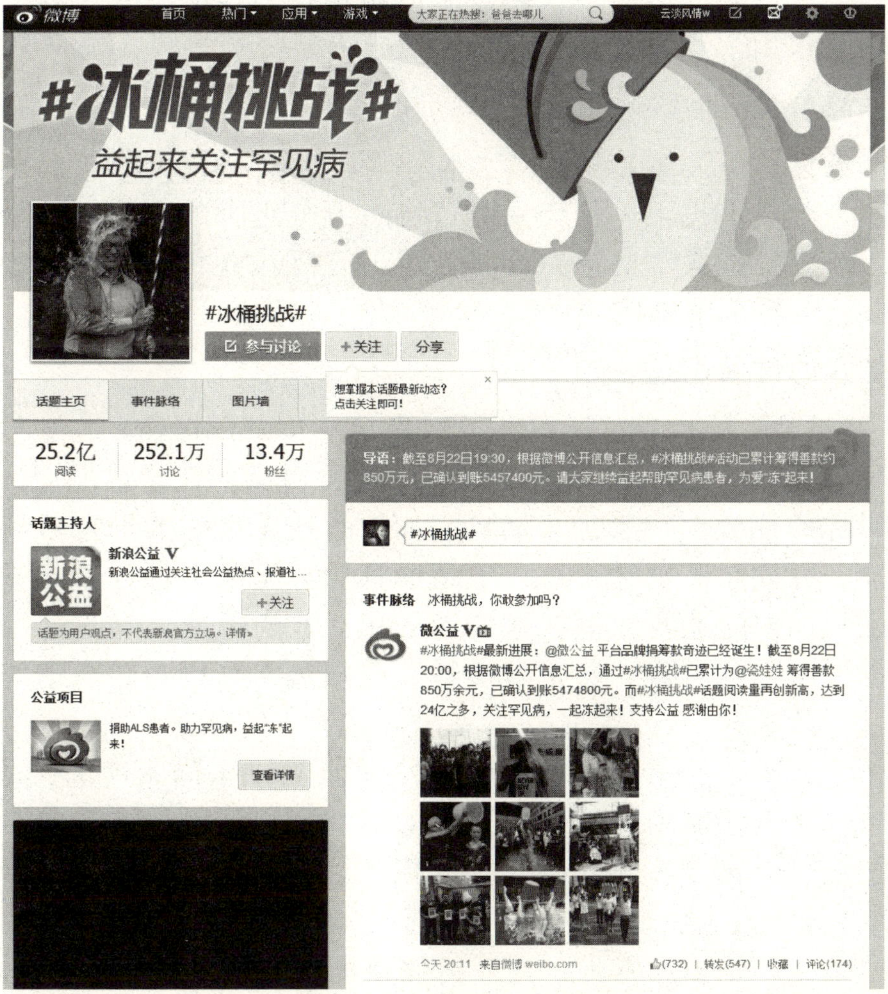

图 3-2　新浪微博“冰桶挑战赛”截图

“名人效应”是关键动力

传统慈善募捐通用的明星效用，在冰桶挑战里也可以看到。单个名人的影响力虽然有限，但是每一个名人都有众多追随自己的狂热粉丝，他们分布于各行各业，他们应对挑战的行为能够迅速通过自己的粉丝传播并被更大范围的人所熟知。粉丝通过活动看到自己偶像真实、可爱的一面，因公益性又让他们看到了社会责任感，这种对名人的认同感让粉丝们更加热衷于讨论冰桶挑战的话题。

名人们为什么愿意参加这样一场“另类”的接力活动呢？

被点名的名人要维护自己的公众形象，而依照活动玩法又无法找人替代，24 小时的时间限定迫使他们必须快速对点名做出回应，因为每一个人都希望自己在社会中的形象是正面的。微博的开放性，给被点名者带来“被围观”的压力，公众通过微博病毒式地传播挑战内容又起到了推波助澜的作用。

操作简单易传播

夏日炎炎，当头淋上一桶“冰水”，那一刻，感受肌肉受到刺激而产生的痉挛，你或许也可以体会到身边还有万分之一的群体正遭受罕见病的困扰。冰桶挑战操作简单，容易上手，几乎人人可以应对挑战。复制难度越低，传播范围越广。

裂变式的传播模式

“冰桶挑战”的成功，还得益于现代社交模式的改变。在如今的“湿社会”里，人们通过小圈子进行信息传递和传播。在微博里面，符号@表示呼叫你的朋友：你参加了活动，@你的朋友，你的朋友看到后，也参加活动，并@你朋友的朋友，于是信息源源不断地进行着传递；你在你的圈子里@你的朋友，他在他的圈子里@他的朋友，互不影响，但当这些朋友圈相交的时候，数量就会被无限放大。可以说，活动的趣味性直接促进了传播。

另外，微博内容在短时间内达到 25 亿人次以上的阅读量、讨论数以百万计也再次说明微博在信息传达上的优势，以及微博在热点事件上的巨大动员能力。微博多条信息呈现的模式，让热点不断在浏览者面前呈现，也就更容易让热点事件以一种近乎病毒式的形式传播，让浏览者对于信息产生无可抗拒的感觉，进而促使传播的完成。

视野开拓

“微博女王”——姚晨

姚晨的微博之所以成功，主要原因有：第一，她的微博开博很早，第一篇微博是在 2009 年 9 月 1 日写的，当时新浪微博刚刚起步，她作为演艺明星中第一个“吃螃蟹”的人，抢占了先机。第二，她的微博文风清新，随意、生动，虽然都是一些每天如何生活、遇到什么趣事之类的平淡语句，但口气随和，不矫揉造作，率性真诚，与读者在心灵上一下子拉近了距离。第三，她的微博更新很快，平均每月发稿约 200 篇，频繁地将自己的行踪及所思所想与粉丝进行及时沟通，比一些三天打鱼两天晒网的人更易受到网民的喜爱。第四，在马太效应（富的更富，强大的会更强大）的影响下，她拥有了庞大的粉丝背景，她的一句“一个女人可以有经历但不可有沧桑”，竟然超过 3 万人进行转发，有一万多条评论，别的明星即使名气更大，但由于开博晚，也很难有如此的势头。

关键词搜索

微博营销
“僵尸粉”
微博认证
微视频
危机公关

思考延伸

1. 微博的特色是什么？微博除了发文字外，还可以如何使用？
2. 对于微博账号来说粉丝很重要，那么怎样才能快速吸引大量粉丝？
3. 本地化的生意和同城中介十分适合进行微博营销，为什么？
4. 什么样的微博内容更易受关注？

5. 微博和微信哪个营销效果更好？

资料参考

[1] 张书乐．凌博微步[M]．北京：电子工业出版社，2012.

[2] 胡卫夕，宋逸．微博营销（第 5 版）[M]．北京：机械工业出版社，2011.

任务二　建立自己的企业微博

【任务目标】

1. 学会建立一个微博。
2. 掌握发布微博和管理粉丝的方法。

【任务实施】

一、确定操作目的

还记得上一章节中提到的尚美美业美容美发造型沙龙吗？我们在这里将继续帮助它建立一个企业微博，利用微博的影响力树立品牌形象，积聚人气，并进行客户服务等营销推广。

二、建立你的微博

由于上一章节我们已经把要搜集的店铺资料搜集齐全了，那么接下来我们就可以开始动手建立企业微博了。

在动手建立企业微博之前，我们需要先明确一些基本内容，请结合自己的思考完成表 3-1。

表 3-1　　建立企业微博相关信息分析表

你建立企业微博打算做什么？	
如何完善你的账号？	

续表

你想关注哪些人？	
你的微博经营团队组建好了吗？	
你打算每天发布多少条微博？	
你的微博靠什么获得粉丝关注？	

根据以上确立的方向建立你的企业微博，将微博资料信息填入表3-2。

表 3-2 微博资料

微博名称	微博标签	是否认证	企业简介	博主头像

现在，发布你的第一条微博吧！微博内容如下：

提示

微博的内容虽然有字数限制（多为140个字符以内），但是“微博营销，内容为王”，只要是和企业需要传递给消费者的信息有关的行为都可以发布在里面。我们需要注意以下问题。

1. 不要奢求微博内容在短时间内就获得利益。
2. 我们不可能和明星一样，随便说一句话、加一个自拍照就能有上万的转发量。有趣（有新意）、利益（注重实用）、个性（自成体系的风格特点）的内容更能吸引其他用户的注意。
3. 表达方式应该随着内容而改变，网络上的“颜文字”、拟表情标点符号等都可以提高企业微博与粉丝的亲和度。

小贴士

大企业：“戴尔中国”的第一条新浪微博

大家好，戴尔官方微博开始试运行了，希望大家多多关注我们。我们会逐步发布戴尔的企业新闻、促销活动、业界信息和电脑知识，欢迎你们参与讨论并提供反馈。现在是试运行，如果有什么不周到的地方，还请大家见谅，多给我们提意见！

螺蛳粉先生蓟门店计划于2010年7月25日星期天开业，开业期间有优惠哦！敬请各位喜欢螺蛳粉的朋友关注、支持！具体地址：北京市海淀区北三环西路 5 号蓟门里小区菜市场，毗邻北京政法大学、北京电影学院、首都体育学院、北京大学生体育馆、政法大厦等。联系电话：1890124××××

三、创建你的粉丝团

建立好企业微博，这只是我们进行微博营销操作的第一步，微博营销并不是一蹴而就的事情，接下来才是营销的真正开始。

尚美美业要有自己的粉丝团，这是其微博营销的一个重要目标。那么，这部分粉丝从哪里来呢？你知道他们最喜欢什么吗？

帮你的粉丝团起一个名字：________________

在各大互动网站上寻找你的竞争对手，看看他们的微博粉丝都在关注什么，完成表 3-3。

表 3-3　竞争对手微博资料分析

竞争对手	是否认证	粉丝人数	粉丝回应最多的话题内容

做一些粉丝们喜欢的事情，使微博粉丝量达到 200 人，完成表 3-4。

表 3-4　发布微博的统计

你发布的微博话题（是否有图、视频等）	被转发数	粉丝回应数
……	……	……

思考以下问题：

你觉得你的粉丝团对你的微博感兴趣吗？粉丝回应你的微博后，你做出进一步回应了吗？

四、维护你的粉丝团

每天发微博和粉丝互动，可以慢慢地拉近和粉丝的距离，企业微博需要用更多的互动方式来“黏住”顾客。

你能想到的微博互动形式有哪些？请把它们写下来：

1. ________________。
2. ________________。
3. ________________。
4. ________________。

从上面的互动形式中选择 3 项，分别在 3 个星期内进行一次营销活动，完成表 3-5。

表 3-5　　微博营销活动分析

活动时间	互动形式	微博内容	粉丝回应数（转发或评论）	营销活动是否达到预期效果

续表

活动时间	互动形式	微博内容	粉丝回应数 （转发或评论）	营销活动是否 达到预期效果

小贴士

你的企业微博开通了什么特色服务吗？

“螺蛳粉先生”堪称中小型企业微博营销的典范。它的成功或许可以给我们一些启示。

1. 精准营销。用微博搜索功能主动寻找目标客户，及时并积极与他们互动，在拉近和顾客距离的同时，不断宣传自己的小店。

2. 善用名人效应。利用歌手吴虹飞同样喜爱家乡螺蛳粉的背景，邀请其作为代言人。

3. 推出各式微博小栏目。这样既增加了和粉丝互动的机会，还带来不少乐趣和感动。

4. 真诚做好客户服务。每个粉丝的微博评论都应该重视并回应，无论是赞扬还是批评。

5. 开通特别的微博订餐服务，并配以美食图片，更加引人食欲。

五、检验你的微博营销效果

所有的努力要有效才是王道，经过一段时间的运营后，你可以从以下 4 个方面判断自己微博营销的效果，衡量自己或其他同学的表现，完成表 3-6。

表 3-6　微博营销效果统计表

评论数	转发数	收藏数	粉丝数

PART 4 项目四 问答营销

任务一 认识问答营销

【任务目标】

（1）了解问答营销的基本概念。

（2）理解问答营销推广应注意的问题。

【任务实施】

一、概念梳理

1．问答营销

问答营销是通过“自定义问题+品牌/产品/服务”触发的、针对中小企业主的互动问答式广告。商家可遵守问答站点（如百度知道、SOSO问问等）的发问或回答规则，然后巧妙地运用软文，把自己的产品、服务植入问答里面，获得更为精准的顾客人群，促进最终购买。问答营销是一种基于第三方口碑而创建的新型互动营销，具有互动性、针对性、高效性和可控性等特点。

2．问答营销的特点

（1）互动性。问答营销能够快速找到潜在客户，与潜在客户进行互动。互动效果可以充分地补充商家网站内容的不足，通过问答互动，巧妙地把自己的信息植入问答里面。

（2）针对性。问答可以根据行业设计相关话题，也可以针对某个目标群体，根据群体的特点选择关注的焦点并充分互动，达到针对宣传的效果。

也可以针对话题做讨论，让更多的人来参与，达到人群融合的效果。

（3）高效性。问答营销不仅能够让商家节约更多的时间、成本、提高效率，更能补充商家信息，还能针对数据进行整合，达到有的放矢的目的，在建立品牌的实际应用中起着至关重要的作用。

（4）可控性。在问答营销中，商家自己设定问题和答案，根据用户提问情景，展现推广信息，直接引导客户做出购买决策。问答营销的常见方式是引起争论，同时可控地引导争论的方向，最终在争论过程中潜移默化地达到自己的营销目的。

3. 问答营销的推广

对于做网站推广的人，问答营销推广可以为网站带来人气，并有一定的宣传作用；而对于做 SEO 的人，问答推广可以为网站增加外链，提升关键词排名。做问答营销推广应该注意以下几个问题。

（1）转换思维角度，从目标客户群的角度去思考问题。

（2）有的放矢，提出的问题要有针对性。

（3）按照用户的搜索习惯设计问题并进行优化。

（4）通过角色扮演自问自答。可以设计反面角色回答问题、引起异议，因为这样得到的关注就多，可以提升问题的搜索排名，但比例应控制在“正面：负面：无关=2：1：1”。

（5）将最佳答案和评价设置成目标关键词和长尾关键词。

（6）及时监控问题审核的进程，如果问题未通过平台审核，则要及时对问题做出修改并重新提问。

二、案例分析

看图 4-1、图 4-2、图 4-3 所示的问答营销的案例截图并思考。

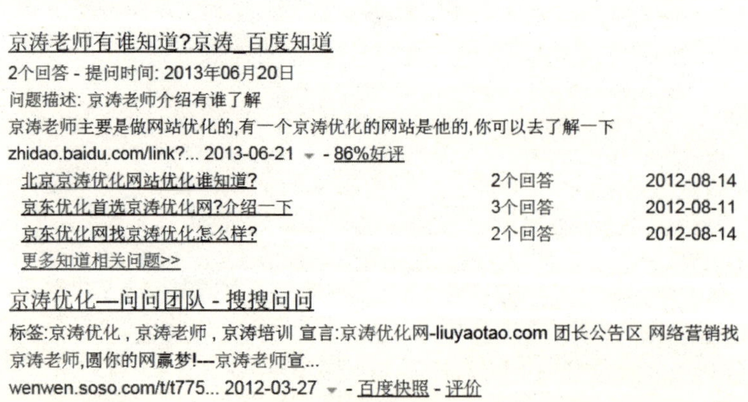
京涛老师有谁知道?京涛_百度知道
2个回答 - 提问时间: 2013年06月20日
问题描述: 京涛老师介绍有谁了解
京涛老师主要是做网站优化的,有一个京涛优化的网站是他的,你可以去了解一下
zhidao.baidu.com/link?... 2013-06-21 - 86%好评

北京京涛优化网站优化谁知道?	2个回答	2012-08-14
京东优化首选京涛优化网?介绍一下	3个回答	2012-08-11
京东优化网找京涛优化怎么样?	2个回答	2012-08-14

更多知道相关问题>>

京涛优化—问问团队 - 搜搜问问
标签:京涛优化，京涛老师，京涛培训 宣言:京涛优化网-liuyaotao.com 团长公告区 网络营销找京涛老师,圆你的网赢梦!—京涛老师宣...
wenwen.soso.com/t/t775... 2012-03-27 - 百度快照 - 评价

图 4-1　北京京涛培训学校优化网站的问答营销

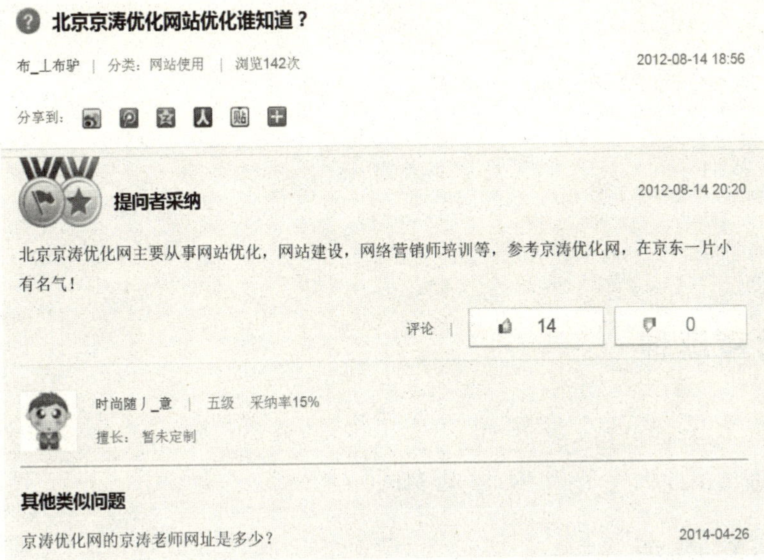

图 4-2 北京京涛培训学校优化网站在百度知道的问答营销

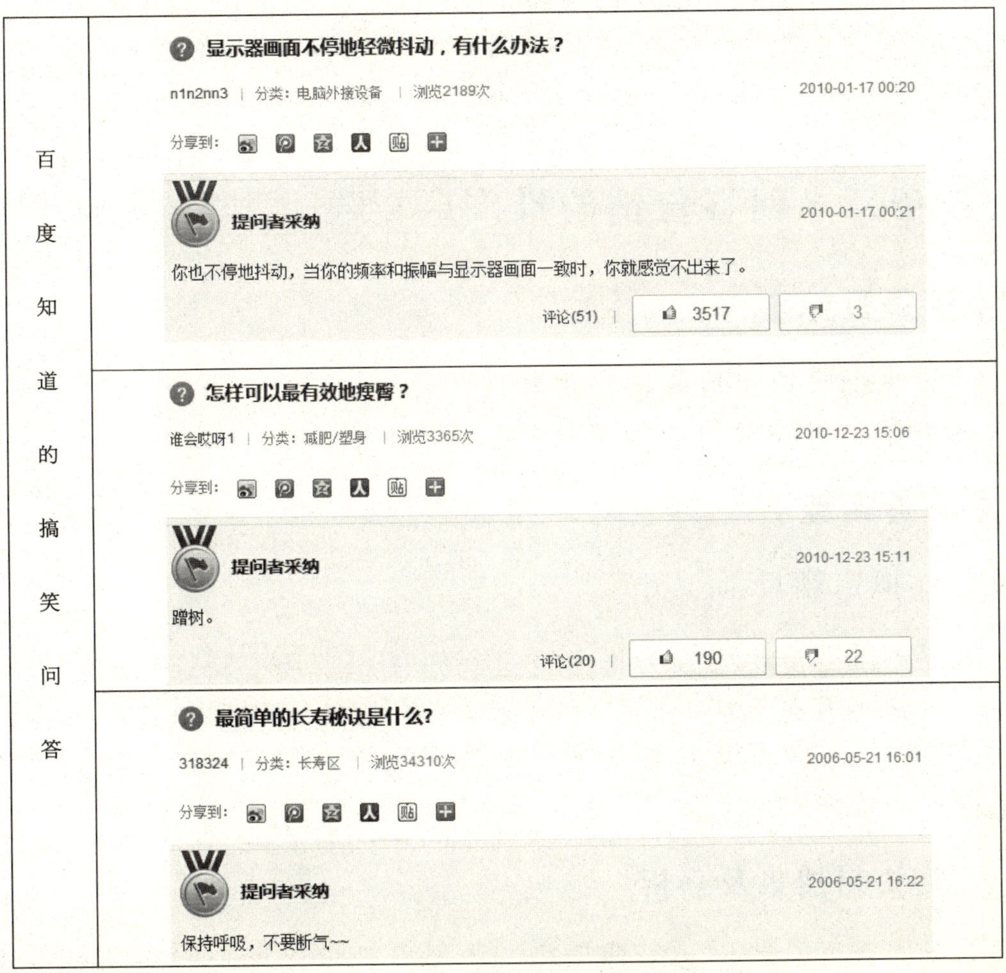

图 4-3 百度知道的搞笑问答截图

关键词搜索

长尾词
权重
互动营销

思考延伸

1. 为什么要做问答营销推广？
2. 问答营销的未来发展趋势如何？

资料参考

[1] 江礼坤. 网络营销推广实战宝典[M]. 北京：电子工业出版社，2012.
[2] 陈墨. 网络营销应该这样做[M]. 北京：机械工业出版社，2010.
[3] 刘徽. 你的网站赚钱吗[M]. 北京：电子工业出版社，2013.

任务二　问答营销的推广

【任务目标】

（1）学会问答营销的推广步骤。
（2）学会问答营销的推广技巧。

【任务实施】

一、拟定题目

本任务以国产手机作为推广物进行讲述。市场上新推出的手机层出不穷，价格也五花八门，国产手机商家在国际大品牌手机的夹缝中，如果想为自己的新产品进行低成本、高效率的推广，就可以选择问答营销来进行营销推广。

二、资料搜集及分析

选定内容后，我们必须搜集相关资料及数据以增加问答的真实性，包括各国产手机的实际销售数字。

本次搜集资料，必须包括表 4-1 中的内容。

表 4-1 国产手机资料搜集表

国产手机品牌	新品型号	新品价格	新产品特征
华为			
中兴			
小米			

续表

国产手机品牌	新品型号	新品价格	新产品特征
酷派			

三、整理并分析资料

思考下列问题：

（1）你所选择的国产手机品牌优势在哪里？不足在哪里？

（2）如何在问答营销推广中巧妙地凸显新产品的优势，引领潜在客户增加点击率？

视野开拓

2013—2014年国产手机市场状况

2013年对于国产手机厂商来说，是重新崛起、快速成长的一年。从用户关注情况来看，国产手机关注度突破四成，实现跳跃式增长。然而国产手机厂商在经历发展春天的同时所面临的竞争形势也在日益严峻，参与竞争的厂商不断增多，目前已经增至近百家，市售机型数量也已突破1000款，国产手机的红海时代已经到来。

1．国产手机整体关注度

智能手机时代的到来为国产手机厂商提供了新的发展契机。2011 年国产手机市场用户关注度仅为 14.5%，2012 年联想、华为、中兴、魅族等品牌开始发力，带动国产手机市场关注度上升了近 13 个百分点。2013 年，OPPO、酷派、vivo 等品牌也表现出快速上升的势头，国产手机市场的关注度一举突破 40%，市场地位快速升高。

2．品牌数量

从厂商数量来看，2012 年国产手机市场上参与竞争的厂商数量有 70 家，然而 2013 年这个数字已经增长至 93 家，这其中有一部分厂商被新的厂商取而代之。然而与之对比明显的是，国际手机厂商的数量并未出现明显变化。国产手机市场规模的增长速度可见一斑。

3．产品数量

从数量来看，国产手机厂商推出新品的速度较快。2012 年国产手机市场上在售的机型数量为 784 款，2013 年则达到 1019 款，超千款。但国际手机厂商在售的机型数量不但未涨，反而小幅下降。可见，国产手机厂商抢食智能手机市场程度非常激烈。

节选自：《2013—2014 年中国国产手机市场研究报告》

四、推广准备

首先我们要了解问答营销的推广步骤，如图 4-4 所示。

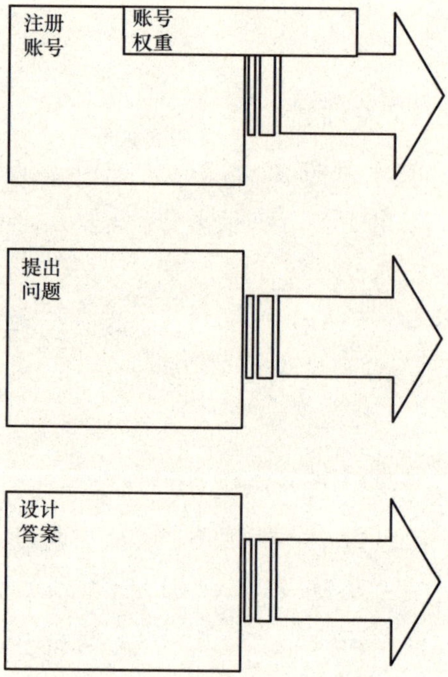

图 4-4 问答营销的推广步骤

完成初步资料的分析、对比后，我们就要选定平台进行问答营销推广，做好账号注册、增加权重等前期准备工作。

提示

问答营销的常用平台

百度知道：http://zhidao.baidu.com/	搜狗问问：http://www.wenwen.com/
爱问知识人：http://iask.sina.com.cn/	天涯问答：http://wenda.tianya.cn/
360 问答网：http://wenda.so.com/	360 求救中心：http://help.360.cn/
中华网问答：http://wenda.china.com/	39 健康问答平台：http://ask.39.net/
生意经：http://baike.china.alibaba.com/	淘宝问答：http://wenda.taobao.com/

小贴士

选定平台时要注意以下问题。

（1）考虑平台的知名度、点击率。

（2）百度知道的问题更新最快、权重最高，应该设为首选。

（3）以产品特点为依据，考虑所推广产品的潜在客户的浏览习惯。

（4）注册账号时，应分批注册不同风格类型的账号，按级别分类，用于自问自答或互动问答。

五、进行推广

完成上述步骤后，就可以开始进行问答营销推广了。

提出问题时应注意如下问题。

（1）提问长度适中（20 字左右），标题中要突出主题。

（2）用悬赏方式提问能增加点击率。

设计答案时应注意如下问题。

（1）答案里要加入和公司相关的长尾词，想办法不着痕迹地加上超链接。

（2）回答问题态度要认真，内容要丰富。应做到推广性与实用性并重，这样才能提高审核通过率。

利用表 4-2 来衡量自己或其他同学的表现。

表 4-2　　考核表

<table>
<tr><td colspan="9">根据下列准则给自己小组或者其他同学评分：</td></tr>
<tr><td rowspan="2">评论</td><td rowspan="2">考核准则</td><td colspan="6">得分（满分为 50 分）</td><td rowspan="2">评价</td></tr>
<tr><td>5</td><td>4</td><td>3</td><td>2</td><td>1</td><td>0</td></tr>
<tr><td rowspan="2">平台</td><td>平台知名度如何</td><td></td><td></td><td></td><td></td><td></td><td></td><td></td></tr>
<tr><td>是否合适推广产品</td><td></td><td></td><td></td><td></td><td></td><td></td><td></td></tr>
<tr><td rowspan="3">账号</td><td>数量和风格差异度如何</td><td></td><td></td><td></td><td></td><td></td><td></td><td></td></tr>
<tr><td>有无等级、主次</td><td></td><td></td><td></td><td></td><td></td><td></td><td></td></tr>
<tr><td>是否提升权重</td><td></td><td></td><td></td><td></td><td></td><td></td><td></td></tr>
<tr><td rowspan="5">问答</td><td>长度是否适中，是否突出主题</td><td></td><td></td><td></td><td></td><td></td><td></td><td></td></tr>
<tr><td>是否添加超链接</td><td></td><td></td><td></td><td></td><td></td><td></td><td></td></tr>
<tr><td>是否通过了审核</td><td></td><td></td><td></td><td></td><td></td><td></td><td></td></tr>
<tr><td>有无其他用户点赞</td><td></td><td></td><td></td><td></td><td></td><td></td><td></td></tr>
<tr><td>搜索排名是否靠前</td><td></td><td></td><td></td><td></td><td></td><td></td><td></td></tr>
</table>

PART 5 项目五 游戏营销

任务一 认识游戏营销

【任务目标】

（1）明白游戏营销的概念及意义。

（2）了解什么是游戏植入式广告。

【任务实施】

一、概念梳理

1. 游戏

游戏的范畴很广，从表现形式上看，可简单地把游戏分为传统游戏与电子游戏，本章所述主要是后者。电子游戏（Electronic Games）又称视频游戏（Video Games）或者电玩游戏（简称电玩），是指在自然游戏行为过程中，以电子设备作为媒介的娱乐行为。根据媒介的不同电子游戏一般分为 4 种：电脑游戏、主机游戏、便携游戏和街机游戏。完善的电子游戏在 20 世纪末出现，改变了人类进行游戏的行为方式和对游戏一词的定义，属于一种随科技发展而诞生的文化活动。

2. 游戏营销

传统营销主要是通过电视、报刊来发布广告，而游戏营销则是在电子游戏中发布广告信息。与传统营销方式相比，游戏营销更讲求“润物细无声”的效果，比如美国艺电（Electronic Arts，EA）公司出品的电子游戏《极品飞车》系列，很多汽车公司都把品牌标志授权给该游戏公司，玩家角色在游戏中开着这些公司的车，边玩边认识了这些汽车品牌。简单来说，游戏营销即主要以游戏为载体进行营销活动的各种广告行为。

3．游戏植入式广告

游戏植入式广告（In-Game Advertising，IGA），顾名思义是指在游戏中出现的商业广告，它以游戏的用户群为基础，通过固定的条件，在游戏中适当的时间、适当的位置出现。IGA 与普通的商业广告不同，他所借助的载体是游戏这种新型媒体，也是游戏营销当中最普遍、最常用的手段，其主要表现形式有游戏场景植入、游戏道具植入、网络游戏情节关卡植入等。由于网络游戏具有跨时空、受众广的特点，在通常情况下，很多企业都倾向于选择利用网游进行营销。

二、案例分析

案例 1　“魔兽世界”与“可口可乐”的强强联合

如果要问这几年来最火爆的网络游戏是什么，那么得到的答案很可能是“魔兽世界”。这是由美国著名的游戏公司暴雪娱乐制作的一款大型多人在线角色扮演游戏，在中国，“魔兽世界”拥有 500 万左右的注册用户、100 万左右的活跃用户，其在年轻游戏玩家中的号召力是异常强大的。

2005 年，可口可乐（中国）饮料有限公司与网络游戏开发商及运营商“第九城市”在上海正式宣布建立战略合作伙伴关系，联合启动了“可口可乐：要爽由自己，冰火暴风城”的活动。这是国际最大的饮料企业与国内领先的网络游戏开发商及运营商首次全方位进行市场对接，双方发挥资源整合、强强联合的优势，在品牌、市场、渠道等方面展开多层次合作。

暴雪娱乐特意为可口可乐当时的代言人 SHE、克里斯蒂亚诺·罗纳尔多和李宇春打造专属“魔兽人物”形象，并在游戏中设置相关任务情节，即罗纳尔多和李宇春拯救被怪兽抓走的 SHE，在这个过程中玩家可以获得不同的虚拟宝物和积分。不同于以往在游戏中植入产品的做法，这次的尝试将代言明星植入游戏中，可谓是一个妙招。其广告海报如图 5-1 所示。

此外，在同时推出的限量版魔兽世界可口可乐瓶盖上附有 iCoke 条码，玩家登录 iCoke 网站即可兑换游戏中的热门宠物和游戏时长。这一招更是掀起玩家“玩魔兽世界，喝可口可乐”的风潮，很多玩家在魔兽论坛发帖询问如何通过可口可乐获得热门宠物，还有很多玩家表示为了得到这些游戏宠物自己会狂喝可口可乐，甚至会让自己周围的人也去买可口可乐。还有人在论坛发帖称“有喝可口可乐而不玩魔兽世界的人，请把瓶盖内的序列号告诉我”，或者干脆去超市里抄下罐装可口可乐瓶底的序列号来兑换。玩家对魔兽世界的热情显然也把可口可乐炒得火热，有统计数字显示，通过这次合作，可口可乐在 2005 年第二季度的净利润比上年同期增长了 15%，达到 12.9 亿美元，第二季度收入也增长了 15%。

图 5-1 可口可乐广告海报

案例 2 网游《大唐风云》与“绿盛牛肉干”擦出“爱火”

绿盛公司由林东于 1993 年创立于杭州，2004 年组建为杭州绿盛集团有限公司。该公司主要从事牛肉干系列休闲食品生产，到 2005 年已经发展成为全国最大的牛肉干生产商之一，销售网络覆盖全国 17 个省级行政区、60 多个地级市。

网络游戏《大唐风云》则是由杭州天畅网络科技有限公司自主开发的国产 3D 网络游戏。天畅科技由郭羽等创立于 2005 年 1 月，主要定位于通过研发具有国际先进水平的、拥有完全自主知识产权的 3D 网络游戏引擎技术，走自主创新道路，开发民族全 3D 网络游戏等系列产品。

天畅科技选择了游戏中的太平公主作为绿盛牛肉干的产品形象代言人，在游戏中开设“绿盛牛肉店”，出售“绿盛 QQ 能量枣”，玩家吃了能补充体力。这是一个非常实用的道具，跟绿盛牛肉干本身的卖点也相吻合，加上太平公主的形象非常受玩家欢迎，因此起到了良好的广告效果，使玩家在游戏中频繁接触到绿盛品牌并有可能产生深刻印象，在提高品牌知名度的同时也有利于产品美誉度的提高。作为合作条件，绿盛将自己所有的食品包装袋和其他宣传资源贡献出来，为《大唐风云》做广告宣传。与天畅合作一个月后，绿盛牛肉干的销售额达到 2700 万元，是上年同期销售额的 9 倍多。

不仅如此，绿盛集团还扩张销售渠道、进驻网吧市场，并提出“虚拟世界中的真实物品交易”的概念。玩家在游戏中的虚拟食品店里可以下单购买真实物品，这些物品通过配送系统可以立即送到购买者手中，而购买者也可根据具体货物选择事前信用卡付款或货到再付款。也就是说，消费者在《大唐风云》的游戏世界中也能买到真实的“绿盛 QQ 能量枣”和牛肉干，如图 5-2 所示。如此一来，就实现了网络内外真正意义上的对接，把传统产业与网络经济完美地结合起来，让传统产业得到提升，让网络经济“脚踏实地”。

图 5-2　印有大唐风云 logo 的“绿盛 QQ 能力枣”

这次合作帮助绿盛集团省下至少 200 万元的明星代言费用（此前绿盛本想请著名影星刘亦菲代言，彼时其代言费已经涨到 200 万元）和 3000 万元的广告费。通过与天畅科技互换资源、共享平台，绿盛集团不仅节省了成本，扩大了销量，更通过《大唐风云》这款具有历史文化气息的游戏丰富了绿盛本身的品牌内涵，而且在数百万游戏玩家心中形成了品牌认同。

视野开拓

网游催生“职业玩家”

所谓的职业玩家，在大多数人的观念中就是指专职游戏者，即以参加游戏比赛获得奖金为主要生活来源的人。也有人认为职业玩家就是以游戏玩家的身份来获利的人，其收入包括出售虚拟财产的收入、获取的比赛奖金等。但是实际上，职业玩家在欧美国家叫作 IEC（互动娱乐顾问），工作性质有点类似游戏推广员。

职业玩家在国外并不算新鲜，而且绝对是一个吃香的职业。职业玩家要负责游戏公司产品在上市前的测试，然后撰写测试报告，测试时间多数是 3 个月或半年，每天大概需要工作 8～10 个小时。其实，职业玩家不光是做测评，还可以参与策划、开发，撰写游戏心得、管理游戏论坛、编写游戏软件程序、代理游戏公司销售活动、充当游戏形象代言人等。

关键词搜索

隐性营销
社交游戏植入
APP 游戏植入

思考延伸

1. 营销与网络游戏有什么关联？
2. 移动游戏的快速发展为我们进行网络营销带来了什么启示？

3. 简述游戏营销与软文广告的异同。

任务二　游戏营销模式策略分析

【任务目标】

（1）掌握游戏营销常用的几种表现形式。

（2）学会进行游戏营销效果的分析。

【任务实施】

一、搜集资料

请根据下表的游戏营销策略，找出相应的案例进行分析，在表 5-1 的空白处填充相应信息。

表 5-1　　游戏营销案例分析表

游戏营销策略	游戏名称	案例描述	营销优缺点分析
游戏场景植入			
品牌产品成为游戏道具			
品牌形象成为游戏角色			

续表

游戏营销策略	游戏名称	案例描述	营销优缺点分析
品牌产品与游戏任务相结合			
购买实体产品获得游戏虚拟物品			
开展游戏的线上、线下活动或比赛			
为品牌或产品量身定做游戏			
游戏内品牌产品的广告推送			
……			
……			

二、验证

通过表 5-1 的填写和台上的发言展示，请大家利用表 5-2 来衡量自己或其他同学的表现。

表 5-2 考核表

<table>
<tr><td colspan="9">根据下列准则给自己小组或者其他同学评分：</td></tr>
<tr><td colspan="2" rowspan="2">考核准则</td><td colspan="6">得分（满分为 30 分）</td><td>评价</td></tr>
<tr><td>5</td><td>4</td><td>3</td><td>2</td><td>1</td><td>0</td><td></td></tr>
<tr><td rowspan="2">基础知识理解</td><td>案例是否与营销策略匹配</td><td></td><td></td><td></td><td></td><td></td><td></td><td></td></tr>
<tr><td>对营销策略的理解程度如何</td><td></td><td></td><td></td><td></td><td></td><td></td><td></td></tr>
<tr><td rowspan="3">实际情况分析</td><td>分析是否合理</td><td></td><td></td><td></td><td></td><td></td><td></td><td></td></tr>
<tr><td>建议是否中肯、有用</td><td></td><td></td><td></td><td></td><td></td><td></td><td></td></tr>
<tr><td>想法是否独到、有创意</td><td></td><td></td><td></td><td></td><td></td><td></td><td></td></tr>
<tr><td>台风</td><td>语言是否足够简洁明了</td><td></td><td></td><td></td><td></td><td></td><td></td><td></td></tr>
</table>

任务三　撰写简单的游戏营销策划方案

【任务目标】

（1）初步掌握游戏营销的思维。

（2）学会撰写简单的游戏营销策划方案。

【任务实施】

一、品牌定位

本文以“天曼服饰”这个新创立的服装品牌为例进行讲述。该服装品牌主要以年轻人市场为主，产品普遍都是一些具有潮流时尚特点的服装，目前该品牌已经进驻天猫、京东等电商网站半年，然而销量却未达到预期。该公司希望能够在尽量节约成本的情况下，扩大品牌知名度，从而提高产品销量。

在竞争异常激烈的互联网销售中，如何才能让一个品牌脱颖而出呢？在这里我们尝试借助游戏营销的知识对该品牌进行推广，大家一起来试试看。

要选择一款合适的网游进行产品的营销，首先要明确该服装品牌的定位，完善图 5-3。

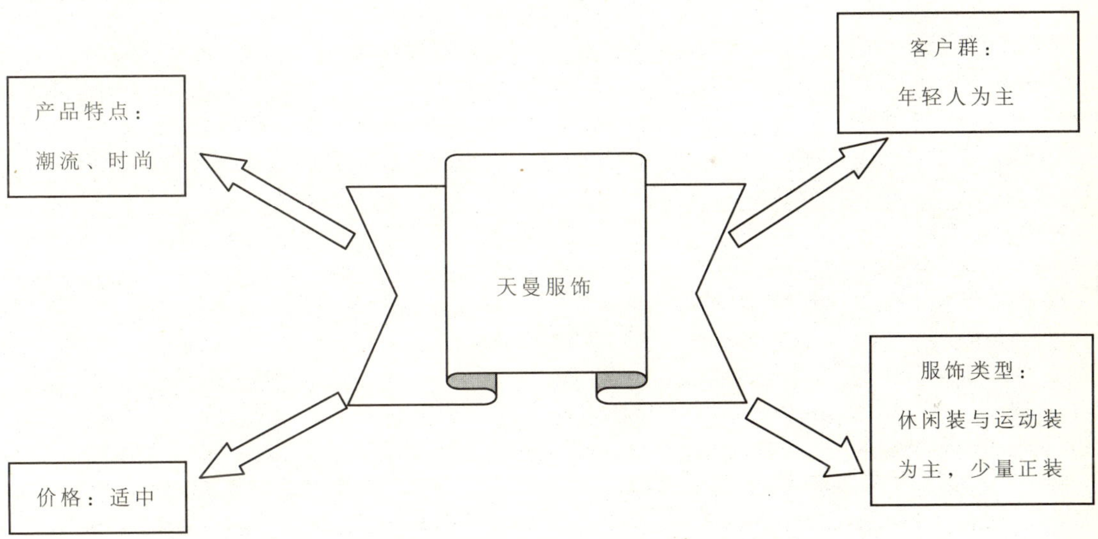

图 5-3　天曼服饰产品分析图

根据图 5-3，我们可以考虑选择相应的网游进行初步的营销设计。

二、游戏选择

做好品牌定位后，我们必须针对目前主流的网游搜集相关资料及数据，看看哪款游戏最适合该服饰品牌的“口味”。

本次搜集资料，必须包含表 5-3 中的内容。

表 5-3　　　　　　　　　　　　　资料搜集表

游戏名称	代理公司	发行时间	游戏内容及特点	如何进行游戏营销
英雄联盟				
街头篮球				
新天龙八部				
天天酷跑				
QQ炫舞				

续表

游戏名称	代理公司	发行时间	游戏内容及特点	如何进行游戏营销
天天飞车				
……				

请按照要求，通过互联网查找资料，完成表 5-3。

提示

1. 这些游戏有什么共同点和不同点？
2. 每个游戏的受众群体年龄、性别分布是怎样的？
3. 上述的游戏中哪一个竞争力会更大一些？
4. 请自主添加上述列表中没有的游戏。

三、整理并分析资料

1. 若以上游戏与该品牌产品融合，那么优势在哪里？不足在哪里？
2. 在游戏中应以什么样的方式推广我们的产品？
3. 如何利用这些游戏实现产品销量的增加？
4. 请在以上游戏中挑选 3 个作为小组进行产品营销策划的依据，并进行资料整理。

四、拟定方案大纲

完成初步分析后，我们先定下策划方案的大纲，确定文章脉络，列举出要点。

引言：本文探讨的重点

- 介绍天曼服饰公司的背景
- 介绍产品的特点、品牌定位
- 介绍选择什么游戏进行产品的营销，并对该游戏的现状及前景进行分析
- ……

分析：选择这个游戏的原因，选好营销切入点

- 产品如何在游戏中出现
- 产品如何能够让玩家更好接受
- 通过什么方式带动实体产品的销量
- 从虚拟走向现实需要面对的问题
- ……

分析：特殊情况的应对策略

- 产品供不应求怎么办
- 产品销量增长缓慢怎么办
- ……

总结：总结现状以及展望未来

五、撰写策划方案并验证

综合上述步骤，写一篇游戏营销的策划方案，并利用表 5-4 来衡量自己或其他同学的表现。

表 5-4　　考核表

根据下列准则给自己小组或者其他同学评分：								
评论	考核准则	得分（满分为 40 分）						评价
		5	4	3	2	1	0	
引言	描述是否到位							
	是否列举出了重点							
分析	是否言简意赅，一针见血							
	玩家的接受程度如何							
	产品与游戏的融合程度如何							
	推广方法的合理程度如何							
	促进产品销量的可能性如何							
总结	是否能够表达自己的想法							

PART 6 项目六 网络广告

任务一　了解广告

【任务目标】

（1）了解广告的意义。
（2）明确广告吸引消费者的因素。

【任务实施】

一、概念梳理

1. 广告

广告是为了某种特定的需要，通过一定的媒体形式，并消耗一定的费用，公开而广泛地向公众传递信息的宣传手段。

广告有广义和狭义之分。广义广告包括非经济广告和经济广告。非经济广告指不以营利为目的的广告，如政府行政部门、社会事业单位乃至公民个人的各种公告、启事、声明等。狭义广告仅指经济广告，又称商业广告，是指以营利为目的的广告，通常是商品生产者、经营者和消费者之间沟通信息的重要手段。

2. 网络广告

网络广告就是在网络上做的广告，即利用网站上的广告条幅、文本链接、多媒体等形式在互联网刊登或发布广告。互联网是新的广告媒体，速度快、效果也很理想，是中小企业借以发展壮大的良好途径，对于广泛开展国际业务的公司来说更是如此。网络广告现在已经不单纯指一般的硬广告，更有很多软广告的方式，如项目一的软文营销。现在越来越多的广告更倾向于软广告形式，因为这是一种与客户直接沟通的很好的方式，尤其在网络发达的现今社会更是如此。

二、案例分析

广告是个很古老的东西，商家从以前的“酒香不怕巷子深”，到今天的整天害怕自己的产品“藏在深闺无人知”，广而告之便成了宣传产品的不二法门。那么，广告打在哪里，以什么样的形式展示在大家面前便成为众多商家经常研究的问题。

根据普华永道（四大国际会计师事务所之首）提供的数据，由于移动广告消费的飙升，2013 年美国互联网广告收入为 428 亿美元，首度超越广播电视广告收入。从这个数据可以发现，传统的广播电视广告已经逐渐不如新兴的互联网广告流行，更比不上移动广告。

人的精力是有限的，但是信息时代，每天的信息都是爆炸式地井喷出来，商家的广告凭借什么才能脱颖而出呢？

在 20 世纪 80 年代的中国，我们没有网络，获取信息的渠道不多，或口耳相传，或依赖收音机，或仰仗电视机。在那个年代，电视机是高档消费品，也是最好的广告发布渠道，当年的中央电视台黄金时段广告造就了不少大企业，使他们在那个年代里风靡全国。

然而，由于 20 世纪 90 年代后电脑与互联网的普及，尤其是 2000 年以来手机大幅度降价及 3G 无线网络的普及，人手一部的手机彻底动摇了电视机在广告行业当中的主导地位。现在各种手机 APP 盛行，人们还有多少时间可以留给电视机呢？

再加上太多电视广告一成不变而且千篇一律的营销方式，让大众感到腻烦，甚至一些明显违反《广告法》的广告也公然播放，让人们逐渐疏远了电视。而电脑的在线点播、手机的视频软件等，除了不能实时观看部分影片及新闻外，还有哪点比不上广播电视等传统广告媒体呢？

2014 年关于世界杯的部分广告文案示例如图 6-1 所示。

看球喝高险

夜猫子险

吃货险

图 6-1 众安保险世界杯足球险的宣传文案

视野开拓

1. 广告的由来

世界上最早的广告是通过声音实现的，是口头广告，又称叫卖广告，这是最原始、最简单的广告形式。早在奴隶社会初期的古希腊，人们就通过叫卖的形式贩卖奴隶、牲畜，公开宣传并吆喝出有节奏的广告。

我国是世界上最早出现广告的国家之一。早在西周时期，我国便出现了音响广告。《诗经》中的《周颂·有瞽》一章里已有“萧管备举”的诗句，据汉代郑玄注：“萧，编小竹管，如今卖饧者吹也。”可见西周时，卖糖食的小贩就已经懂得以吹萧管之声招徕生意。

2．好的广告创意创造集体生活习惯

以我国香港为例，过年必购以及送礼首选的产品就那么几个：丹麦蓝罐曲奇、咀香园杏仁饼、乐家杏仁糖、瑞士糖。这些就是广告所造就的结果。受香港影响比较大的深圳、广州的部分地区也有类似的购买习惯。因了这个习惯，每逢过年时节，香港的四大超市——万宁、百佳、屈臣氏、惠康，都会以统一价格推出相关的过年礼品组合套装。

关键词搜索

广告商

广告文案

数字广告

创意广告

思考延伸

1. 广告有什么用？为什么要打广告？
2. 传统广告商未来的出路在哪里？
3. 什么样的网络广告会让消费者主动搜寻并浏览？

资料参考

[1] 马文良. 网络广告经营技巧[M]. 北京：中国国际广播出版社，2001.

[2] 吴博林. 广告×媒体（第5版）[M]. 北京：经济日报出版社，2010.

[3] 徐瑛. 最经典的品牌广告故事[M]. 北京：中国财富出版社，2012.

任务二　掌握网络广告的发布形式

【任务目标】

（1）了解网络广告的种类。

（2）熟悉常见网络广告的发布形式。

【任务实施】

一、确定消费群体

本文以西式甜品店为例进行讲述。西式甜品是西餐正餐的最后一道甜味菜品，也可以说是西方人在餐后食用的甜味食物，可以是水果拼盘、小蛋糕、馅饼、布丁或冰淇淋等。那么，西式甜品的消费群体会是些什么人呢？什么样的甜品店可以最大限度地吸引客户？

我们先来看看图 6-2。

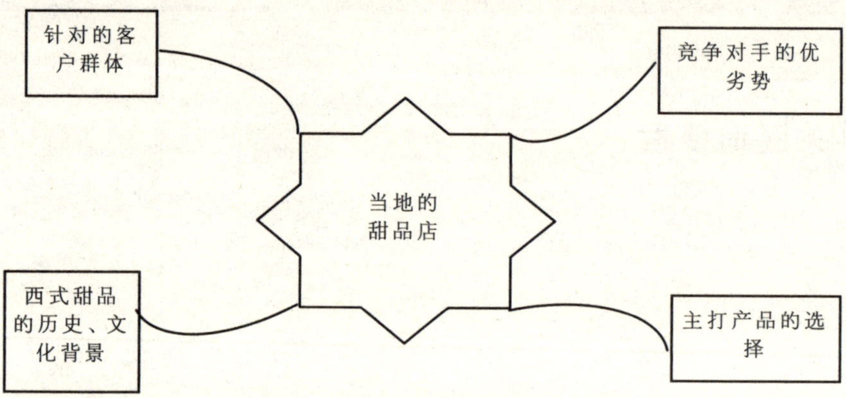

图 6-2　甜品店营销情况分析

根据图 6-2 中的项目搜集相关资料。

二、资料搜集

主题确定后，我们开始搜集相关行业及产品的资料。西式甜品又名西点，作为西方人的餐后小食，其品种有很多，我国市面上常见的甜品主要以意大利甜品为主，再辅以欧美等其他国家的甜品。我们选择甜品店一种常见的广告——餐牌做练习。

本次搜集的资料必须包括表 6-1 的内容。

表 6-1　甜品店资料表

列举部分西式甜品（至少写出 20 种）	

续表

在以上 20 款甜品中挑选 5 款产品作为主打产品，填入下面的表格中。		
5 款主打产品	甜品的由来及小故事	自创一个关于自己餐厅的故事，把甜品与甜品店联系起来

提示

1. 选择与爱情有关联的甜品往往更容易打动人心，要利用好每个甜品背后的小故事。
2. 如果所有人都选择同样的主打产品，那么你应该如何脱颖而出？
3. 主打产品的选择是需要应季变换还是一成不变呢？

三、思考并设计餐牌

1. 你所选择的主打产品的优势在哪里？

2. 如何把上文中的小故事传达给你的客户？

3. 一个甜品店的餐牌上应该有多少道甜品才合适？

4. 参考国内其他有特色的小店中的餐牌，思考为什么餐牌能够成为广告宣传的工具。

思考上述问题，各小组在一张 A4 纸上设计自己的餐牌。

四、寻找广告阵地

完成初步分析后，我们需要寻找发布广告的阵地。假设我们所有的广告预算是 1 万元，那么我们可以选择什么类型的网络广告阵地呢？应以什么样的形式进行广告的发布？餐牌设计出来后是放在餐厅里给顾客点餐用的，怎么才能将其变身为广告发布载体？

为你的广告创意寻找地盘

1. 从理论上分析

（1）访问量最大的网站不是唯一的选择。

（2）你的客户经常会浏览什么网站？

（3）你的预算决定了你可以大幅度还是小幅度地发广告。

（4）每一个广告都有自己的特色，一个美食广告必须是彩色的，就如同一个彩妆产品永远都不会去黑白报纸上做广告一样。

2. 从实际上分析

（1）广告创意要受到各种现实条件的限制，比如我们永远不能上高速公路上自行拉横幅做广告。

（2）每个网络广告平台在不同的时间会有不一样的报价。

（3）你的竞争对手是谁？

五、验证

通过上述问题的思考，最终为你们小组的甜品店选择一个可靠的网络推广方案，在大家面前进行介绍，并利用表 6-2 来衡量自己或其他同学的表现。

表 6-2　　考核表

根据下列准则给自己小组或者其他同学评分：								
考核准则		得分（满分为 30 分）						评价
		5	4	3	2	1	0	
工具	你是否经常使用方案中的网络工具							
	你身边的朋友是否经常使用此工具							
方案效果	方案是否引发你的兴趣							
	若有机会你是否会去品尝							
	如果味道不错是否会常去							
台风	语言是否足够简洁明了							

任务三　掌握网络广告的制作过程

【任务目标】

（1）了解网络广告的制作思路。

（2）实践常见的几种网络广告发布形式。

【任务实施】

一、充分利用预算

本文继续以上文为背景进行讲述。如果上文中的 1 万元是 3 个月的预算，那么我们应该如何通过策划，使这笔钱用得有价值呢？在上文中，我们已经选择好了发布广告的阵地，那么我们先要制定出一个步骤，明确初期在什么地方花多少钱，中期及后期又将如何利用预算。思考上述问题并完成表 6-3。

表 6-3　广告阶段分析表

发布广告的步骤
初期：
中期：
后期：

二、考虑客户的喜好

甜品店的经营离不开客户喜好的支撑，建立口碑非常重要。在如今这个电子化的社会里，人们吃顿饭都要先上网查半天，看完了其他消费者对某家店的评价后才最终决定是否前往。于是，每个消费者都变成了美食家。

本次资料搜集必须包括表 6-4 中的内容。

表 6-4　广告案例分析表

当地消费者常去的网站	网站的特色	甜品店可以在这个网站中做什么样的广告
大众点评网		

续表

<table>
<tr><td>当地消费者常去的网站</td><td>网站的特色</td><td>甜品店可以在这个网站中做什么样的广告</td></tr>
<tr><td></td><td></td><td></td></tr>
<tr><td colspan="3">根据上述广告的优劣势选择一个或两个合适的网站进行进一步分析：这一次的广告预计能够给甜品店带来什么好处？</td></tr>
<tr><td colspan="3"></td></tr>
</table>

三、以最低的预算满足所有人

1. 你所选择的专业美食网站的优势在哪里？
2. 通过网络工具做网络推广能够更省钱、效果更好？
3. 什么地方必须要有甜品店的广告？

提示

1．老板或投资方常去浏览的网站一定要有选择地进行广告投放，不然的话，他们会觉得广告投放得没有价值，下次当你做策划的时候他们就有可能会把预算压得更低。

2．做广告虽然不是卖海鲜，但是一样有“海鲜价”。价格谈判是一个永远的话题，是一项技术活。如果刚好碰上对方公司的空档期，或许你就能以相对低的价格购入广告位。

3．创意需要不断挖掘，好的创意能够使广告成本大幅度下降。

思考上述疑问，策划一次低成本的营销活动。

四、活动策划展示

通过对上述问题的思考，最终在大家面前介绍此次活动的策划，并利用表 6-5 来衡量自己或其他同学的表现。

表 6-5　　考核表

<table>
<tr><td colspan="9">根据下列准则给自己小组或者其他同学评分：</td></tr>
<tr><td colspan="2" rowspan="2">考核准则</td><td colspan="6">得分（满分为 35 分）</td><td>评价</td></tr>
<tr><td>5</td><td>4</td><td>3</td><td>2</td><td>1</td><td>0</td><td></td></tr>
<tr><td rowspan="2">工具</td><td>你是否经常使用方案中的网络工具</td><td></td><td></td><td></td><td></td><td></td><td></td><td></td></tr>
<tr><td>你身边的朋友是否经常使用此工具</td><td></td><td></td><td></td><td></td><td></td><td></td><td></td></tr>
<tr><td rowspan="3">方案效果</td><td>方案是否引发你的兴趣</td><td></td><td></td><td></td><td></td><td></td><td></td><td></td></tr>
<tr><td>若有机会你是否会去品尝</td><td></td><td></td><td></td><td></td><td></td><td></td><td></td></tr>
<tr><td>如果味道不错是否会常去</td><td></td><td></td><td></td><td></td><td></td><td></td><td></td></tr>
<tr><td>预算</td><td>是否足够省钱</td><td></td><td></td><td></td><td></td><td></td><td></td><td></td></tr>
<tr><td>台风</td><td>语言是否足够简洁明了</td><td></td><td></td><td></td><td></td><td></td><td></td><td></td></tr>
</table>

PART 7

项目七 搜索引擎营销

任务一 认识搜索引擎营销

【任务目标】

（1）清楚搜索引擎与营销的关系。
（2）了解搜索引擎竞价推广。

【任务实施】

一、概念梳理

1．搜索引擎

搜索引擎是指根据一定的策略、运用特定的计算机程序从互联网上搜集信息，在对信息进行组织和处理后，为用户提供检索服务，将用户检索的相关信息展示给用户的系统。简单来说，搜索引擎就是用户在互联网上搜索信息的工具，图 7-1 所示为著名为搜索引擎——百度。

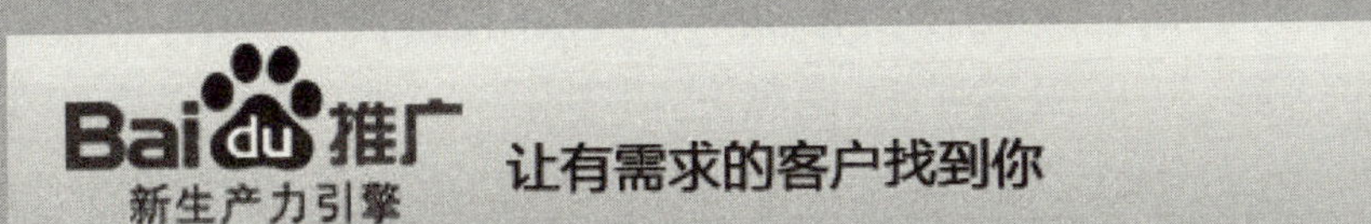

图 7-1 百度搜索引擎

2．搜索引擎营销

简单来说，搜索引擎营销（Search Engine Marketing，SEM）营销就是基于搜索引擎平台的网络营销，其利用人们对搜索引擎的依赖和使用习惯，在人们检索信息的时候尽可能地将营销信息传递给目标客户。搜索引擎营销的方式主要有两种：搜索引擎竞价排名和搜索引擎优化。

3．竞价推广

竞价推广是把企业的产品、服务等通过以关键词的形式在搜索引擎平台上做推广，它是一种按效果付费的新型而成熟的搜索引擎广告。企业在购买该项服务后，通过注册一定数量的关键词，其推广信息就会优先出现在网民相应的搜索结果中，用少量的投入就可以给企业带来大量潜在客户，有效提升企业销售额。

4．长尾关键词

网络上那些非目标关键词但也可以带来搜索流量的关键词被称为长尾关键词。例如，目标关键词是“服装”，其长尾关键词可以是“男士服装”“冬装”“户外运动装”等。

二、案例分析

湖北华大旅行社：竞价排名让我们从行商变坐商

只经营武汉当地客源外出旅游业务的湖北华大旅行社有限公司，原本只是一家在本地市场挣扎求生的小公司。和那些品牌响当当且在繁华地区遍开门店、实力强劲、频频打广告的旅行社相比，华大品牌影响力小、资金少、规模小，显然处于不利地位。

2006年7月，华大开始应用百度竞价排名进行网络营销。“没想到立刻见效，客户电话接踵而来，那个月把我们忙得够呛！”回忆起当初突如其来的火爆场面，湖北华大旅行社有限公司副总经理张竣笑了。

正是这种全新的营销模式，让华大找到了寻找客源的最快捷、最有效的办法。“客户必然是有了需求之后才会在网上搜索，而我们的产品发布及时、价格合理，所以客户找到我们后进行电话咨询，很容易成交。”张竣说：“这一下子解决了我们应用传统形式打广告、找客源等手段无法与知名大旅行社抗衡的问题。”用张竣的话说就是“多了一个与市场挂接的渠道”。

华大一半以上的客户来自于百度竞价排名。百度竞价排名不仅给华大带来了客户和订单，另一方面因为这种网络营销模式的推动，也使得华大整个的业务销售模式开始向电子商务转型，营销部门的办公效率也得到了显著的提高。

张竣表示：“现在我们的业务员只坐在电脑前，接到的客户订单还比过去更多、更有效。这样也使我们能把精力更多地放在完善产品、提升管理上。”张竣还饶有兴致地介绍起了推广经验：“如今我们公司全体员工都有了网络营销的意识，大家都非常关注网上、网下的旅游信息，对我们每周总结的关键词献计献策，让我们跟着别人打的传统广告，通过抢先注册关键词而获得网络收益。”

张竣介绍，通过近两年网络营销的实践，华大获得了快速发展，“更重要的是，百度在提升我们的盈利效率的同时，还降低了运营成本”。张竣介绍，在武汉同行业中比较，华大虽然只有一个门店，但是其营业额却相当于大品牌旅行社在繁华区三四个门店业务量的总和。“而且我们还没有那么多门店租金、工作人员薪资、传统广告费用等支出。”精明的张竣最后说，“我们付出的只是一个月几千元的百度竞价排名费用，你说划算不划算啊？”

视野开拓

百度Logo的由来

“百度”这一公司名称来自宋词“众里寻他千百度”（百度公司会议室名为“青玉案”，即是这首词的词牌名），而“熊掌”图标的想法来源于“猎人巡迹熊爪”的灵感，这一行为与李彦宏的“分析搜索技术”非常相似，从而构成百度的搜索概念，也最终成为了百度的图标形象。在这之后，由于搜索引擎大都用动物形象来比喻，如Sohu的狐狸、Google的狗等，百度也便顺理成章地称作熊，于是百度熊便成了百度公司的形象物。

关键词搜索

用户视线分布的“金三角”

搜索引擎分类

关键词广告

思考延伸

1. 除百度外，你知道的搜索引擎还有哪些？
2. 使用搜索引擎有哪些检索技巧？

3. 浏览百度和谷歌，对比一下两者的竞价推广方式异同。

任务二　竞价推广方案设计

【任务目标】

（1）了解竞价推广所涉及的各个方面。
（2）学会初步设计竞价推广方案。

【任务实施】

一、确定推广主题

绿色家园家政服务公司成立于 2004 年，公司总部在广州，在重庆、湖南等地设有分公司，是一家提供室内外清洁、打蜡，月嫂、育婴，老年护理，钟点工等服务的公司。公司初期发展较好，但由于受全球金融风暴的影响，效益开始下滑，先后关闭了武汉和天津分公司，并进行了部分裁员。为了重整旗鼓，该公司欲加大互联网广告投入，进行搜索引擎竞价推广。

现在请以小组为单位，为“绿色家园家政服务公司”制定竞价广告策略方案，其相关资料分析如图 7-2 所示。

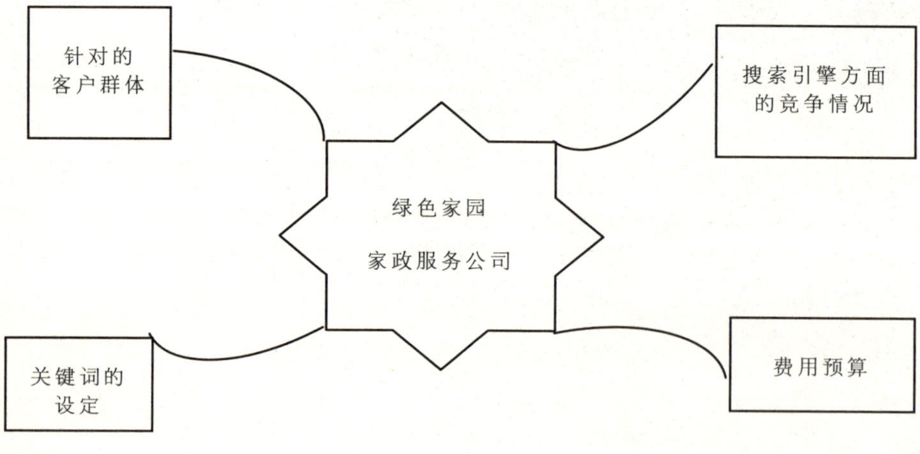

图 7-2　绿色家园资料分析

二、资料搜集

主题确定后，我们开始搜集相关行业的资料。简单来说，家政服务的核心内容就是家政公司派遣员工到客户家中担任长期或短期的服务工作。随着人们物质生活水平的提高，越来越多的人需要家政服务。2000年，劳动和社会保障部正式认定“家庭服务员”这一职业，因此家政服务不再被认为是伺候人、不体面的工作，而和所有其他职业一样被看作是社会分工下的一种行业。

请你搜集竞争对手在搜索引擎竞价推广方面的资料，完成表7-1。

表 7-1　　搜索引擎竞价推广资料记录表

请搜集排名前 5 的竞争对手公司的竞价推广资料，填入下面的表格中， 同时思考哪些公司将会是你的主要竞争对手				
公司名称	搜索引擎排名	通过哪个关键词搜索而来	服务区域	换词搜索后的排名（没有出现则记为“无”）

提示

1. 通过搜索引擎进行搜索时，不妨加入地区名试试，看看搜索出来的结果是否一样。
2. 除了“家政”这个关键词外，还可以输入哪些关键词？
3. 竞价的关键词是否一成不变呢？

三、填写方案内容

将方案内容填入表 7-2。

表 7-2　　搜索引擎竞价推广方案

1. 竞价目的	
主要目的	
辅助目的	
填写原因	
2. 用户定位	
服务对象	
宣传对象	

续表

<table>
<tr><td>填写原因</td><td></td></tr>
<tr><td colspan="2">3. 竞争对手分析</td></tr>
<tr><td>主要竞争对手</td><td></td></tr>
<tr><td>竞争对手主流关键词</td><td></td></tr>
<tr><td>竞争对手的优势</td><td></td></tr>
<tr><td>竞争对手的不足</td><td></td></tr>
<tr><td>可以借鉴的地方</td><td></td></tr>
<tr><td colspan="2">4. 竞价关键词的设定</td></tr>
<tr><td>关键词（热词）</td><td></td></tr>
<tr><td>长尾词</td><td></td></tr>
</table>

续表

选择原因	
5. 区域定位	
投放区域	
原因	
6. 时间定位	
投放时间	
填写原因	
7. 预算方案	
预期的排名	
关键词点击单价	

续表

<table>
<tr><td>估算点击次数</td><td></td></tr>
<tr><td>每日预算</td><td></td></tr>
<tr><td>费用上限</td><td></td></tr>
<tr><td>填写原因</td><td></td></tr>
<tr><td colspan="2">8. 效果监控</td></tr>
<tr><td colspan="2">根据每天的监控效果，有可能发生一系列好的或不好的问题，请将你能想到的情况写下来，并给出调整方案</td></tr>
<tr><td>情况一</td><td></td></tr>
<tr><td>调整方案</td><td></td></tr>
<tr><td>情况二</td><td></td></tr>
<tr><td>调整方案</td><td></td></tr>
</table>

续表

情况三	
调整方案	
情况四	
调整方案	

四、撰写方案

请将填入表格的内容整合成一篇简单的竞价推广方案，并利用表 7-3 来衡量自己或其他同学的表现。

表 7-3 考核表

根据下列准则给自己小组或者其他同学评分：								
考核准则		得分（满分为 30 分）						评价
		5	4	3	2	1	0	
数据填写	内容是否切合实际							
	关键词设定是否合理							
方案效果	能否吸引人							
	方案是否合理							
	文字是否通顺							
台风	语言是否足够简洁明了							

任务三 认识搜索引擎优化——SEO

【任务目标】

（1）明确 SEO 的含义及意义。

（2）了解 SEO 的基本方法。

【任务实施】

一、概念梳理

1．搜索引擎的运行原理

搜索引擎的基本工作原理如下：搜索引擎首先要在互联网中发现并搜集网页信息，之后对信息进行提取和组织，建立索引库，再由检索器根据用户输入的查询关键字，在索引库中快速找出文档，进行文档与查询的相关度评价，对将要输出的结果进行排序，并将查询结果返回给用户。这一过程可以简单地理解为：抓取网页——建立数据库——检索服务。

2．搜索引擎优化

搜索引擎优化（Search Engine Optimization，SEO），就是通过对网站栏目结构和网站内容等基本要素的优化设计，提高网站对搜索引擎的友好性，使得网站中尽可能多的网页被搜索引擎收录，并在搜索结果中获得好的排名效果，从而通过对搜索引擎的自然检索获得尽可能多的潜在用户。

简单来讲，SEO 就是让网站更容易被搜索引擎收录，并且当用户通过搜索引擎进行检索时，在检索的自然结果中获得较好的排名位置。例如，我们在百度上搜索“广东省电子商务”，出现的结果如图 7-3 所示。

3．HTML 基础

文本标记语言（HyperText Markup Language，HTML），是用于描述网页文档的一种标记语言。我们要对网站进行 SEO，首先必须要懂得 HTML 的基础知识。

（1）HTML 的概念。

当使用浏览器在互联网上尽情遨游的时候，你肯定会被丰富多彩的网页内容所吸引，而这些丰富多彩的内容背后，实际上只是用一种简单的超文本标志语言实现的，这种语言指示浏览器如何按照一定的格式显示文字、得到图形及播放声音等，它就是 HTML。

图 7-3 搜索案例结果截图

（2）HTML 文档的结构。

一个典型的 HTML 文档的结构如图 7-4 所示。

在一个 HTML 文档的主题里，最先出现的 HTML 标签是<html>标签，最后的标签是</html>标签。它的作用是告诉浏览器这是一个 HTML 文档，文档中的所有内容和其他 HTML 标签都包含在这个起始和结束标签中。

HTML 文档结构分为文件头和文件体。

文件头使用<head>/</head>这对标签标识。文件头还包括文档标题标签<title>/</title>。这个标签表示网页的名称。在用浏览器浏览的时候，这个名称将显示在这个网页窗口的上方。

文件体使用<body>/</body>这对标签。这对标签包含了文档的正式内容。在非框架结构的文档中，这个标签必不可少。在这个标签中，可以定义文档内容的各种属性，如设定文本的背景色、前景色，根据链接文本的状态定义该标签的颜色等。

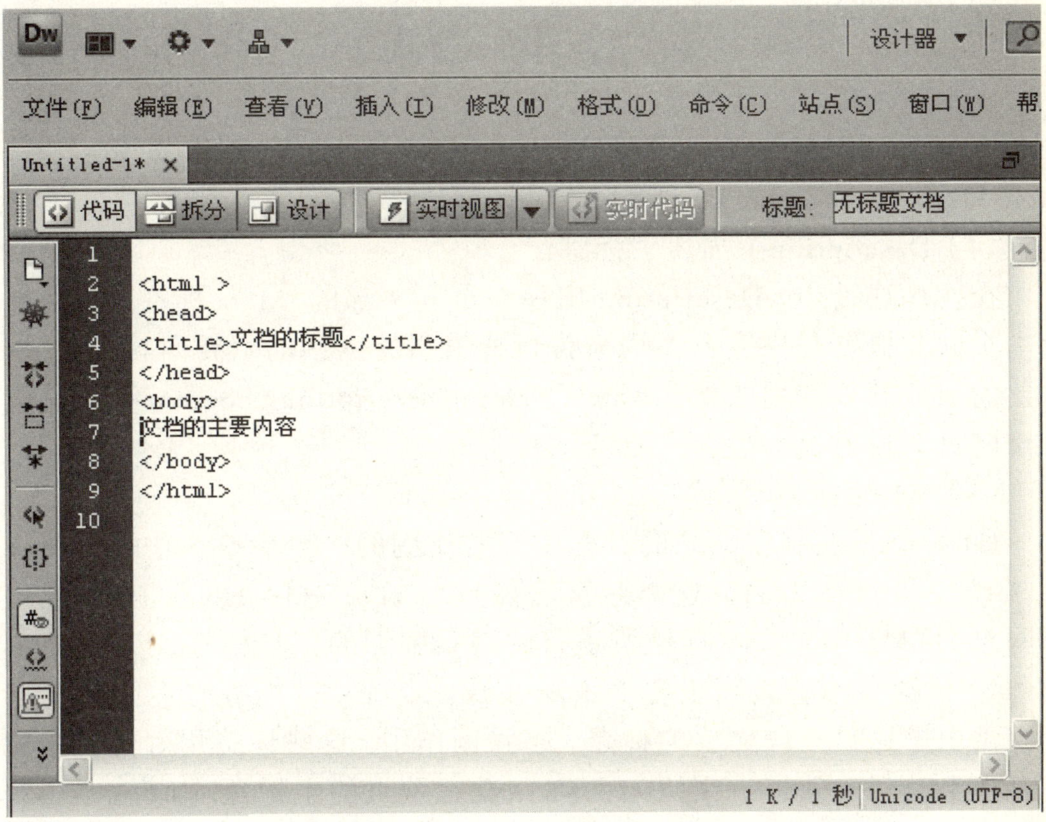

图 7-4　HTML 文档结构示例

（3）HTML 文档的标签。

① HTML 标签的定义。标签是一个用尖括号“<>”括起来的命令词，HTML 标签规定网页文档的逻辑结构，并且控制文档的显示格式。

② HTML 标签的格式。大部分 HTML 标签的格式为"<标签名>/</标签名>"。

4. SEO 需要注意的网站标签

（1）Title（标题）标签。

title 是一个页面的核心，对页面进行优化首先就是从 title 开始的。用法如：<title>网页的标题</title>。

（2）Meta 标签。

Meta 标签是 HTML 标记 HEAD 区的一个关键标签，它常位于 HTML 文档的<head>和<title>之间，它提供的信息虽然用户不可见，但却是文档的最基本的元信息。当搜索引擎进行资料搜集时，Meta 标签是蜘蛛机器人最先抓取到的内容。Meta 标签用来描述一个 HTML 网页文档的属性，如作者、日期和时间、网页描述、关键词、页面刷新等。

（3）Keywords（关键词）标签。

Keywords 主要是用来告诉搜索引擎某网页的关键词是什么。关键词不可以重复使用，一个好的关键词的优化字符应不超过 4 个。设置关键词的时候，要注意用英文小写，并用“,”分开。用法如：<meta name="keywords" content="租房,广州租房">。

（4）Description（描述）标签。

在网站建设中，Description 出现在页面头部的 Meta 标签中，用于记录本页面的概要与描述，即用来告诉搜索引擎网站的主要内容，是 SEO 重要的组成部分。用法如：<meta name="description" content="（这里输入该网页的描述语）">。

（5）H1 标签。

H1 标签是在制作网站的过程中经常用到的一个标签，它的作用仅次于 Title。在 SEO 方面，这类标签还有 H2、H3、H4、H5 和 H6。它们是指网页 HTML 中对文本标题所进行的着重强调的一种标签，以标签<h1>到<h6>依次显示，表明重要性不断递减。制作<h>标签的主要意义是告诉搜索引擎这是一段文字的标题，起强调作用。这些标签用好了，对 SEO 会有事半功倍的效果。用法如：<h1>整个网页的主标题</h1>。

（6）Alt 标签。

Alt 标签实际上是网站上图片的文字提示。在 Alt 标签中加入关键词是很好的提升关键词排名的方法，但需要注意的是，这样做并不能提高关键词密度。用法如：<img src="图片路径" alt="图片描述"/>。

二、案例分析

中关村在线的 SEO

中关村在线（www.zol.com）属于中国 IT 业最知名的网站之一。无论信息量还是用户体验，中关村在线都非常不错，特别是该网站的 SEO 在同行业网站中可谓数一数二。

下面我们就来测试一下中关村在线网站在搜索引擎上的表现。因为中关村在线网站与 IT 相关，[h1]那么就搜索一下手机产品名称，例如，搜索“三星 Note3”，显示结果如图 7-5、图 7-6 所示。

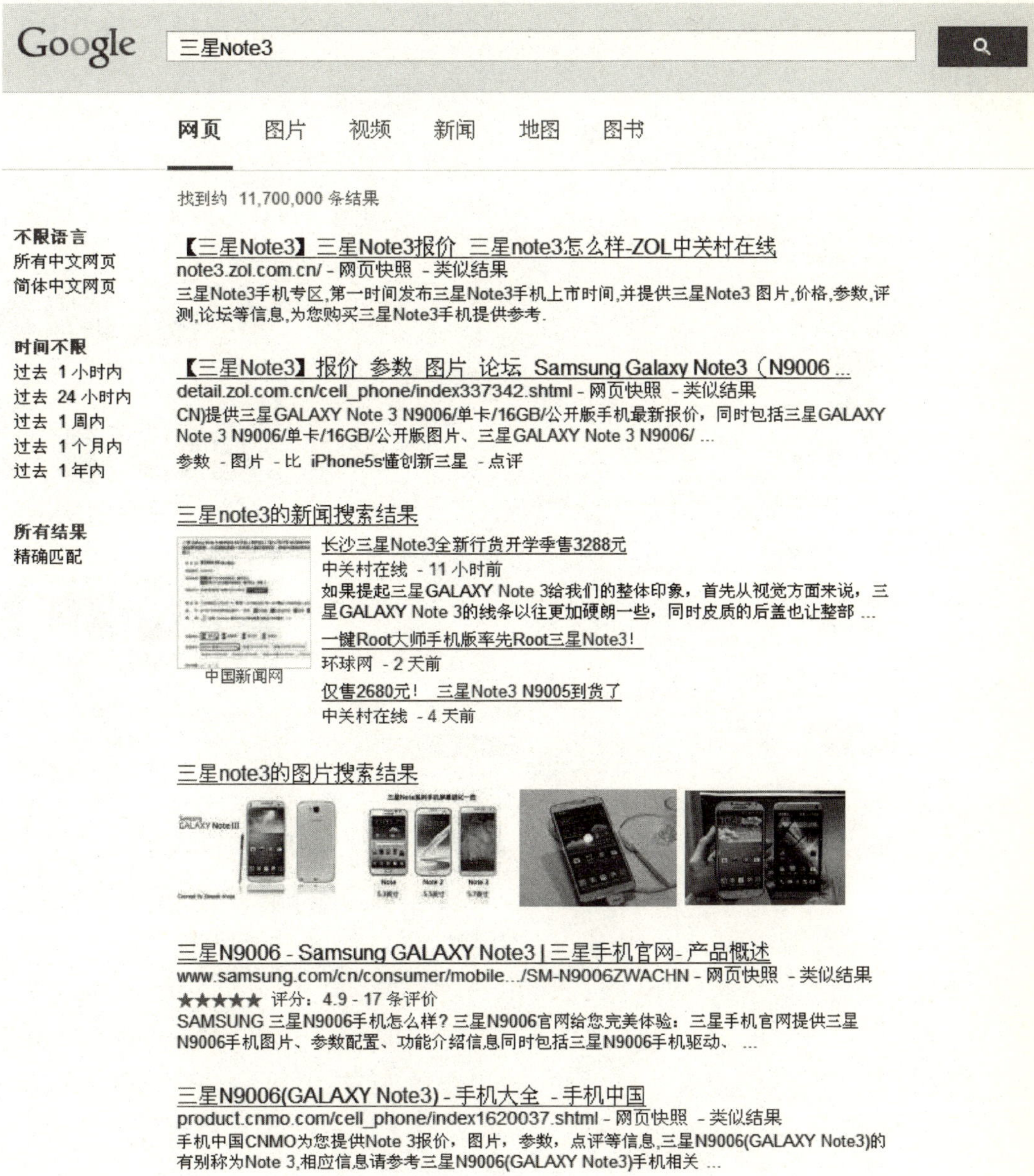

图 7-5　谷歌搜索“三星 Note3”的结果

由图可知，除了竞价排名外，自然搜索结果排在第一名的都是中关村在线网站，网址 http://detail.zol.com.cn/cell_phone/index337342.shtml。下面我们针对这个百度搜索结果页面进行分析。

1．标签

把关键词分布在以下标签中，是较有利于排名的。

（1）Title。

<title>【三星 Note3】报价_参数_图片_论坛_Samsung Galaxy Note3

（N9006/单卡/16GB/公开版）三星手机报价-ZOL 中关村在线</title>

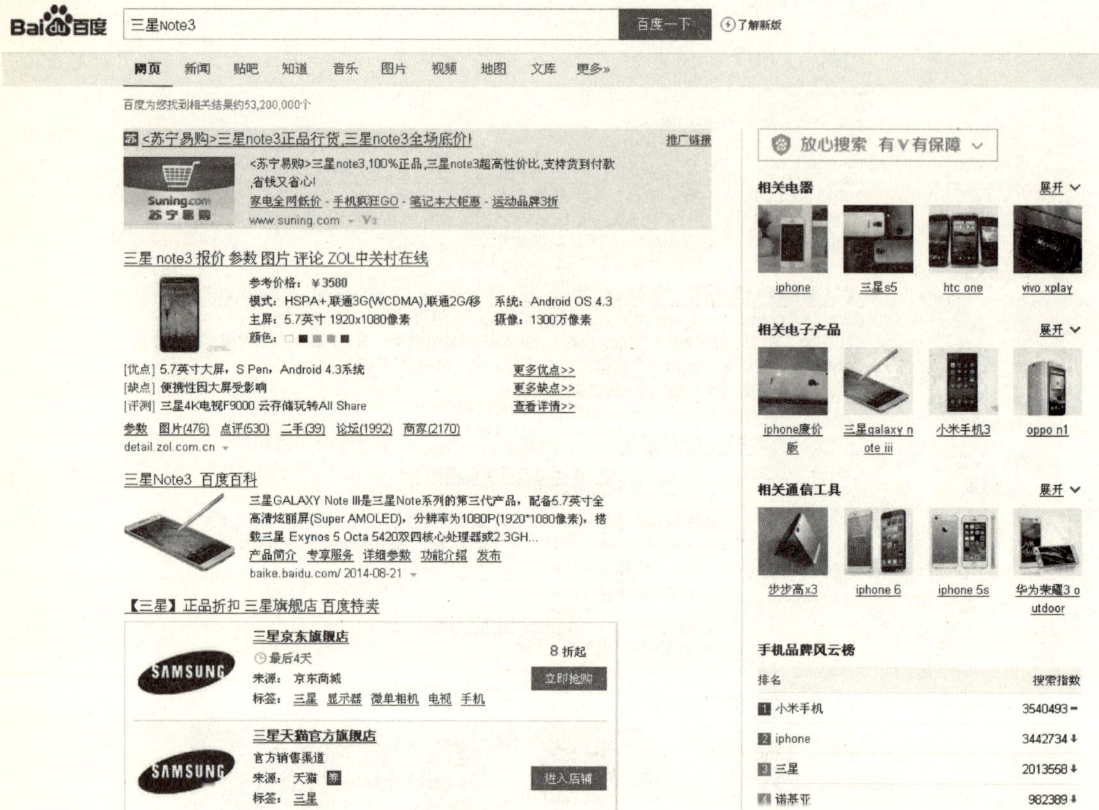

图 7-6　百度搜索“三星 Note3”的结果

前半部分“【三星 Note3】报价_参数_图片_论坛”，充分考虑到主关键词的拓展和延伸，写上了人们最关心的问题“三星 Note3”“报价”“参数”“图片”“论坛”等为主关键词，作为标题出现，随后带上的手机英文全称“Samsung Galaxy Note3”，还有包括具体的主要参数“N9006/单卡/16GB/公开版”，都让该网页被搜索到的概率大大增加。尾部的“三星手机报价”又重点突出了一遍手机品牌的关键词，让用户和搜索引擎很明确此网页的主要内容是什么，最后才出现了“中关村在线”的署名。可见这是比较好的标题。

（2）Keywords。

<meta name="keywords" content="GALAXY Note 3 N9006/单卡/16GB/公开版，Samsung GALAXY Note 3 N9006/单卡/16GB/公开版，三星 GALAXY Note 3 N9006/单卡/16GB/公开版，三星 GALAXY Note 3 N9006/单卡/16GB/公开版手机报价，Samsung GALAXY Note 3 N9006/单卡/16GB/公开版报价" />

这里没有多余的关键词出现，主要围绕“三星”“GALAXY Note 3”“N9006/单卡/16GB/公开版”“手机报价”这 4 个核心关键词展开。当然，如果重复率低些效果将会更好。

（3）Description。

<meta name="description" content="中关村在线(ZOL.COM.CN)提供三星 GALAXY Note 3 N9006/单卡/16GB/公开版 手机最新报价，同时包括三星 GALAXY Note 3 N9006/单卡/16GB/公开版图片、三星 GALAXY Note 3 N9006/单卡/16GB/公开版参数、三星 GALAXY Note 3 N9006/单卡/16GB/公开版评测行情、三星 GALAXY Note 3 N9006/单卡/16GB/公开版论坛、三星 GALAXY Note 3 N9006/单卡/16GB/公开版点评和经销商价格等信息，为您购买三星 GALAXY Note 3 N9006/单卡/16GB/公开版 手机提供最有价值的参考" />

本描述出现的 7 个核心关键词——三星 GALAXY Note 3 N9006/单卡/16GB/公开版，每一个核心关键词后面都有相应的长尾关键词，后面长尾关键词的搭配是由用户搜索量和自身网站提供挑选出来的。此描述不但能顺利地把核心关键词和长尾关键词都带出来，而且能调动用户点击的欲望。

（4）H1。

在网站的左上方有“三星 GALAXY Note 3（N9006/单卡/16GB/公开版）”字样，如图 7-7 所示，就是使用 HI 标签，代码如下：<h1>三星 GALAXY Note 3（N9006/单卡/16GB/公开版）</h1>

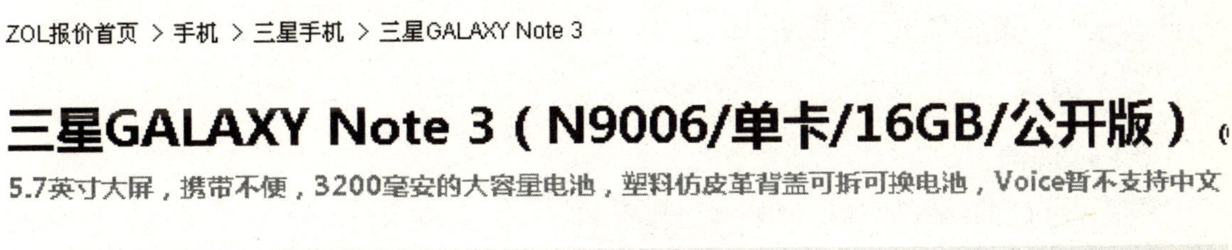

图 7-7　H1 标签

（5）Alt。

网页上部分图片上都有 ALT 标签，如图 7-8 所示，也大大增加了关键词在网页中分布的密度。

2．网页内链接

在中关村在线的网站上，与三星相关的手机专题都能看到此“三星

GALAXY Note 3”专题的链接，如图 7-9 所示。

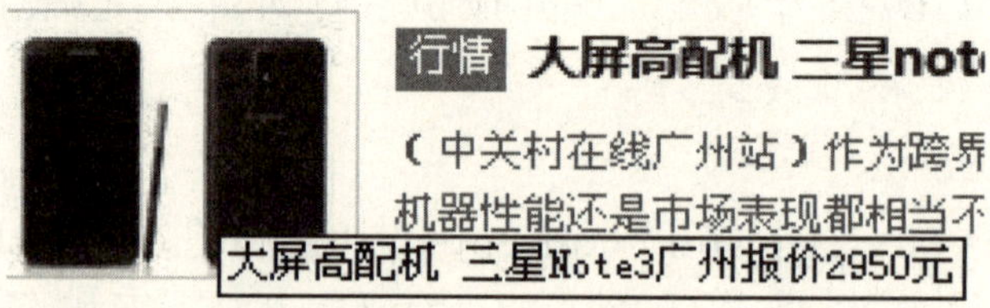

图 7-8 ALT 标签

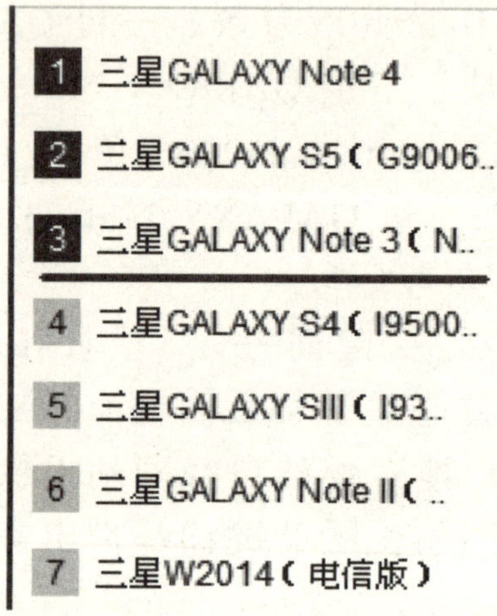

图 7-9 “三星 GALAXY Note 3”专题的链接

此专题页面上的每一篇资讯文章打开后，在文章的第一段提到“三星 GALAXY Note 3”关键词的时候都会有相应的链接。也可以这样理解，只要是中关村在线网站上有“三星 GALAXY Note 3”关键词的都会链接到此页面，链接数量可想而知。

3．内容

（1）原创。

“三星 GALAXY Note 3”专题页面有专业编辑撰写的本型号手机测评、行情的咨询文章，这对搜索引擎的收录和排名提供了一个很好的保障。

（2）用户创造。

最佳的创造内容的方法就是让用户主动提供原创且相关的文章，那么在此专题里有 3 部分内容是用户主动提供的。

一是三星 GALAXY Note 3 论坛上的内容。用户每发表一个帖子，都在此页面显示，具有原创性且与主题相关。

二是用户点评。如果你用过此款手机或对此手机有什么样的看法，就都可以在这里做出点评，这样也保证了文章的原创性。

三是促销信息。商家发布的有关苹果手机促销的信息也会显示在本页面。商家最怕广告少，所以更新速度非常快，而且每一条促销信息都是与主题相关的。

4．网站地图

如图 7-10 所示为中关村在线的网站地图，其列举了网站上的最主要的页面，通过网站地图，我们可以非常方便地找到三星 GALAXY Note 3 手机的信息，这给浏览者一个很好的体验，同时这对相关信息被搜索引擎收录和取得一个好的排名也起着比较重要的作用。

图 7-10 中关村在线的网站地图

可以说，“三星 GALAXY Note 3”专题页面的 SEO 方法不是很复杂，但是每一招用得都很自然、合理。可见，好的网站不但要有好的内容和用户体验，更重要的是用策略把它们组织起来。

SEO顺口溜

准备篇：网络行业千千万，确定主题是关键。空间域名带备案，快速稳定是首选。

建设篇：网站结构要整齐，树形网状是第一。内部链接做到底，平行垂直都考虑。

内容篇：添加内容莫心急，长尾关键要布局。切忌初期就采集，原创才是硬道理。

链接篇：内外结合要并行，链接策略切勿扔。内部做好锚文本，外部别忘谈友情。

登录篇：万事俱备欠东风，搜索引擎别忘登。分类目录也要整，导航站点稍留心。

标题篇：标题始终最重要，如何撰写有技巧。不长不短刚刚好，核心关键往左靠。

关键词：不要去取堆积论，其实一个足够用。分布合理又均匀，首尾呼应捎带中。

描述篇：围绕标题几句话，浓缩内容是精华。引导用户点击它，潜在流量成倍加。

收录篇：对于收录要淡定，持续平稳去更新。“蜘蛛”看你是新人，只是考察你耐性。

心态篇：排名起伏属正常，不必哭爹又喊娘。每天都有新气象，时间会让给辉煌。

发展篇：网站走上正轨道，别神气也别骄傲。一步一步往前跑，流量会变成钞票。

结束篇：做站前后三月余，边工作来边学习。虽然感觉有点累，看着流量心欢喜。

附录篇：一个网站三分地，产不产粮看自己。只要用心去管理，什么都不是问题。

关键词搜索

SEO
蜘蛛机器人
HTML 标签
网站地图

思考延伸

1. 设计 Title、Keywords、Description 标签时需要遵循什么要求？
2. 如何对 Flash、视频等非文字页面进行 SEO?

任务四　SEO 效果分析

【任务目标】

（1）掌握 SEO 所涉及的几个常用代码的写法。
（2）学会对网站进行 SEO 效果分析。

【任务实施】

一、HTML 标签练习

1. Title（标题）

请根据图 7-11 所示的网页，写出标题的代码：

2. Keywords（关键词）

请编写代码，为戴尔电脑的网站设置关键词：

图 7-11 网页截图

3．Description（描述）

（1）请根据图 7-12 的搜索结果，写出 Description 代码：

______

______

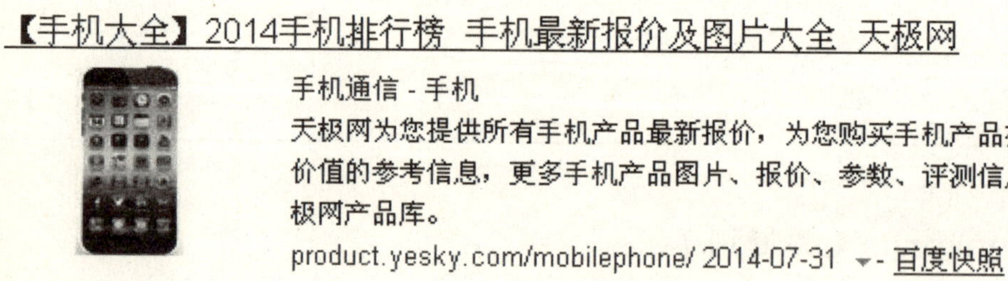

图 7-12 搜索结果截图

（2）下面有两个 Description，请你比较一下哪个对搜索引擎更加友好，并说明原因。

① 描述 A：提供胃病药品及相关信息，药物咨询 020-885454××，

专家咨询 020-836812××；服务专业、品种齐全、价格优惠。胃病克星——胃舒适口服液，国家“六五”“七五”“八五”重点科研攻关项目。胃病用药，西药：维生素 U 片、羟卡利明片等；中成药：三九胃泰等。

② 描述 B：广州天王星抗肿瘤药房为全国连锁专业抗癌药房，拥有各类抗肺癌中西药品，还提供更新、更专业的国内外相关药品信息，服务专业、品种齐全、价格优惠。药物咨询 020-861954××，专家咨询 020-861911××。”

____

____

二、搜索引擎优化分析

太平洋电脑网（http://www.pconline.com.cn）于 1999 年正式推出，是国内首家以专业电脑市场联盟为基础的大型 IT 资讯网站，自创建以来一直致力于为国内 IT 企业与终端用户提供全面、权威、专业的 IT 资讯服务，其 SEO 也做得十分出色。

请在百度搜索关键词“太平洋电脑网”，找到太平洋电脑网的链接并打开，根据表 7-4 的内容对该网站的 SEO 情况进行分析。

表 7-4　　案例优化结果

<table>
<tr><td colspan="3">搜索的关键词：____________________

网址：____</td></tr>
<tr><td>优化项</td><td>代码</td><td>效果分析</td></tr>
<tr><td>Title 标签</td><td></td><td></td></tr>
<tr><td>Keywords 标签</td><td></td><td></td></tr>
</table>

续表

Description 标签		
Alt 标签		
H1 标签		
网页内链接	—	
内容	—	
网站地图	—	

三、搜索引擎营销优劣对比

请对比竞价推广与SEO的优劣，完成表7-5。

表 7-5 竞价推广与 SEO 的优劣比较表

竞价推广 vs SEO					
推广方式	费用	效果	优点	不足	适合什么类型的企业
竞价推广					
SEO					

利用表 7-6 来衡量自己或其他同学的表现。

表 7-6 考核表

根据下列准则给自己小组或者其他同学评分：								
项目	考核准则	得分（满分为 30 分）						评价
		5	4	3	2	1	0	
标签练习	代码书写是否正确							
搜索引擎优化分析	代码是否正确							
	分析是否合理							
	分析是否足够深入							
搜索引擎营销优劣对比	对比是否客观							
	想法是否独到、有创意							

PART 8 项目八 电子邮件营销

任务一 认识电子邮件营销

【任务目标】

（1）了解商业电子邮件。
（2）如何不使电子推广邮件变成垃圾邮件。

【任务实施】

一、概念梳理

1. 电子邮件

电子邮件（Electronic Mail，Email 或 E-mail）是指一种由寄件人将数字信息发送给一个人或多个人的信息交换方式。发信人一般会通过互联网或其他网络发送和接收邮件，目的是达成发信人和收信人之间的信息交互。

2. 电子邮件营销

电子邮件营销（Email Marketing）是一种利用电子邮件为企业传递商业或者募款消息到其受众的直销形式。

二、案例分析

电子邮件营销是一个很古老的话题，早期的网络营销中，电子邮件营销是被众人所推崇的方式，其因成本低廉、复制方便、传输快速，曾深深地打动诸多企业管理者的心。如今的电子邮件营销，尽管效果非常一般，但仍因其成本低、无技术门槛而吸引着大量企业使用。

提到电子邮件营销，大家首先想到的不是谁的营销做得好，而是想到垃圾邮件。早在 2006 年，广东通信管理局就曾对当时滥发垃圾电子邮件的某公司进行过罚款人民币 5000 元的行政处罚。如今各个电子邮件服务商对于广告邮件、垃圾邮件的拦截技术已经有了很大的提高，大部分有广告嫌疑的邮件都到不了客户面前，而做电子邮件营销，第一个要解决的问题就是如何让你的客户认可你，不把你发出的邮件认定为垃圾邮件。

我们来看图 8-1、图 8-2 和图 8-3。思考一下，为什么这家公司所发送的广告邮件不会被邮件服务器当作垃圾邮件或广告邮件呢？为什么客户愿意接收这样的信息，且不会将其举报为垃圾邮件呢？

图 8-1 电子邮箱界面截图

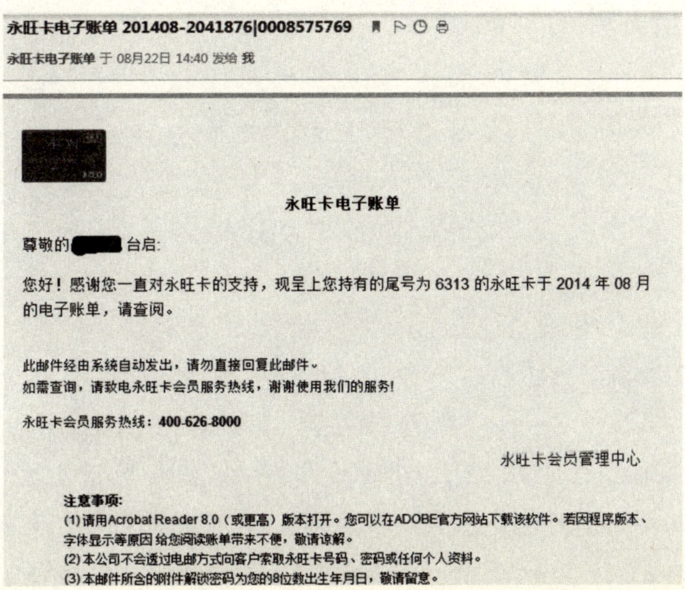
永旺卡电子账单 201408-2041876|0008575769

永旺卡电子账单 于 08月22日 14:40 发给 我

永旺卡电子账单

尊敬的[illegible]台启:

您好！感谢您一直对永旺卡的支持，现呈上您持有的尾号为 6313 的永旺卡于 2014 年 08 月的电子账单，请查阅。

此邮件经由系统自动发出，请勿直接回复此邮件。
如需查询，请致电永旺卡会员服务热线，谢谢使用我们的服务!

永旺卡会员服务热线：**400-626-8000**

永旺卡会员管理中心

注意事项:
(1) 请用Acrobat Reader 8.0（或更高）版本打开。您可以在ADOBE官方网站下载该软件。若因程序版本、字体显示等原因给您阅读账单带来不便，敬请谅解。
(2) 本公司不会透过电邮方式向客户索取永旺卡号码、密码或任何个人资料。
(3) 本邮件所含的附件解锁密码为您的8位数出生年月日，敬请留意。

图 8-2 电子邮件内文截图

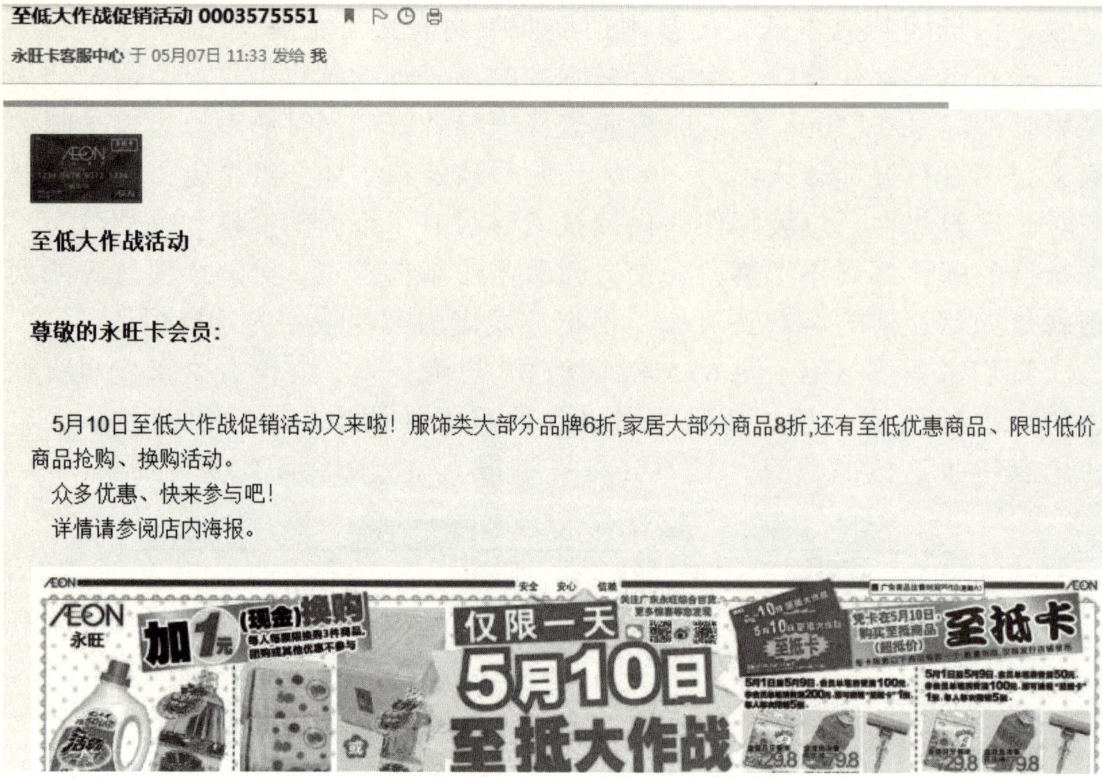

图 8-3　电子邮件中的促销广告截图

视野开拓

1. 垃圾邮件的现状

据中国 12321 网络不良与垃圾信息举报受理中心公布的数据显示，2014 年第四季我国电子邮箱用户平均每周收到垃圾邮件数量为 16.6 封。以此推算，每个电子邮箱用户一年要收到 880 多封垃圾邮件。相比之下，企业邮箱作为垃圾邮件的重灾区，日均收到的垃圾邮件数量甚至可高达数百封之多，所提供的服务简直无所不包，如论文发表、网站推广、产品推销等。

在反垃圾邮件技术与资金的巨大投入压得人们喘不过气来的时候，尤其在技术并不能彻底减缓、遏制和根除垃圾邮件的时候，诉诸法律，由庄严的法庭来制裁垃圾邮件，已经成了广泛的呼声。虽然从 2006 年 3 月 30 日起，政府已全面施行《互联网电子邮件服务管理办法》，采取多种具体措施有效处理垃圾邮件，然而垃圾邮件泛滥的情况并没有改善多少。

2. 大数据时代数据的价值

电子邮件营销的价值在于通过数据挖掘，可以真正做到精准营销。一个电子邮箱附加的信息越多就越有价值，如当一个电子邮箱地址能够跟客户的购买习惯、多年的购买信息结合起来的时候，我们就可以做到使每一封邮件都成为客户感兴趣的内容，投放电子邮件就不再是做无用功。

关键词搜索

精准营销
数据挖掘
数据化营销
网络礼仪
反垃圾邮件技术

思考延伸

1. 什么类型的企业可以做到数据的深度挖掘？
2. 如何在搜集用户信息的同时不引起客户的反感？
3. 电子邮件应该怎么写才算有礼貌？

资料参考

[1] 吕巍. 精确营销[M]. 北京：机械工业出版社，2008.

[2] 淘宝大学数据营销分院. 数据化营销[M]. 北京：电子工业出版社，2012.

[3]（美）佐拉蒂，（美）加拉赫著. 屈云波译. 精准营销[M]. 北京：企业管理出版社，2013.

任务二 策划电子邮件营销

【任务目标】

（1）了解电子邮件的发送技巧。

（2）熟悉电子邮件的格式与网络礼仪。

【任务实施】

一、设定目标

本文以体育运动超市为例进行讲述。运动是城市居民最缺乏的东西，从城市中各式各样的健身房就能够看出这点。数字时代的到来，让不少城市人都患上了或轻或重的职业病，这些还称不上是疾病的症状有个名字叫作“亚健康”。

我们先对体育运动超市进行分析，填写图 8-4。

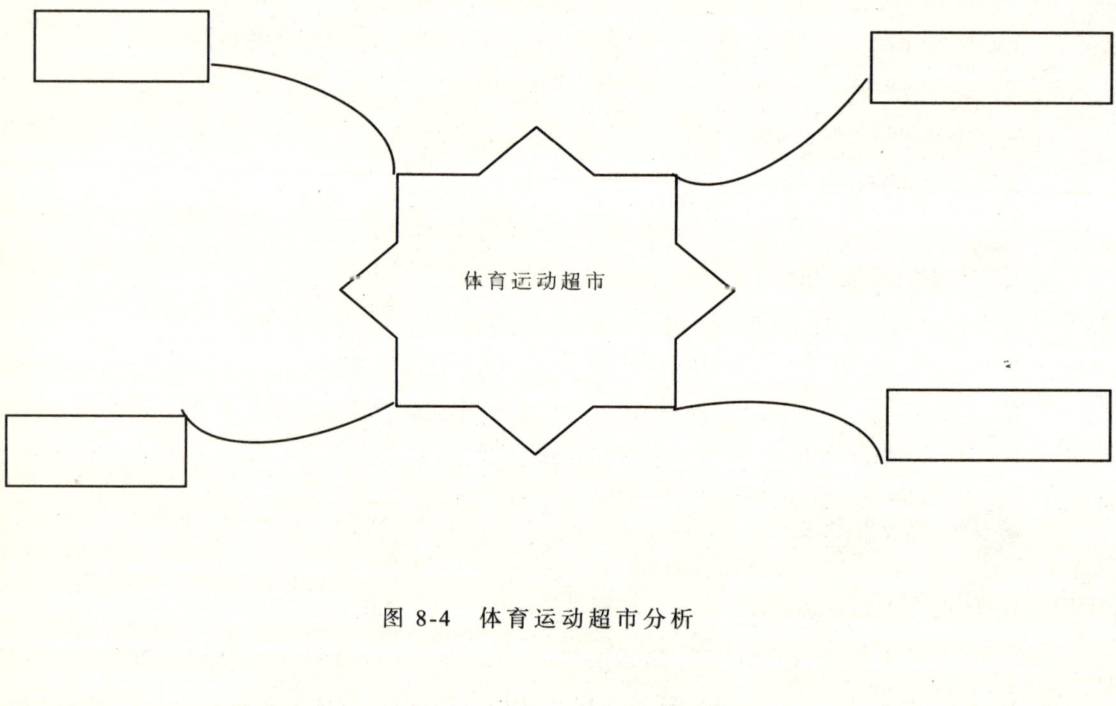

图 8-4　体育运动超市分析

根据图 8-4，我们开始搜集相关资料。

二、资料搜集

主题确定后，我们开始搜集相关行业资料及产品的资料。以电子商务行业为例，最常见的改善人体亚健康状态的运动有哪些？分别需要什么装备？

本次搜集资料，必须完成表 8-1。

表 8-1　　运动资料分析表

能改善亚健康的运动	必要的装备	升阶的装备

三、设计电子邮件

确定好主题后，就可以通过电子邮件把相关的信息传递给电子商务行业的客户。

设计好一篇电子邮件，填写在下框中。

四、内容展示

通过上述步骤，小组之间互相发送电子推广邮件，并利用表 8-2 来衡量自己或其他同学的表现。

表 8-2　　　　　　　　　　　　考核表

<table>
<tr><td colspan="9">根据下列准则给自己小组或者其他同学评分：</td></tr>
<tr><td colspan="2" rowspan="2">考核准则</td><td colspan="6">得分（满分为 15 分）</td><td>评价</td></tr>
<tr><td>5</td><td>4</td><td>3</td><td>2</td><td>1</td><td>0</td><td></td></tr>
<tr><td rowspan="3">文案内容</td><td>是否足够简洁明了</td><td></td><td></td><td></td><td></td><td></td><td></td><td></td></tr>
<tr><td>是否触动了你的心</td><td></td><td></td><td></td><td></td><td></td><td></td><td></td></tr>
<tr><td>是否遵守网络礼仪</td><td></td><td></td><td></td><td></td><td></td><td></td><td></td></tr>
</table>